世界旅行の参考書

あしたの旅

地球物理学者と巡るワンランク上の旅行案内

国立極地研究所 名誉教授
神沼 克伊
Kaminuma Katsutada

A Journey to a New World

ロギカ書房

ハワイ・パールハーバーの戦艦ミズリー

戦艦ミズリーの前甲板。16インチ砲6門が並ぶ。
艦首の前方横の長い白い建物がアリゾナ記念館

右舷デッキにある降伏文書調印式会場がこのような形で保存されている。
はるか後方の右舷艦尾付近が神風特攻機が激突した跡

モンゴルのパオ（包）のホテル

中央アジアを中心に遊牧民たちは移動住宅パオ（包、モンゴル語でゲル）に住む。地方の観光用ホテルもパオに宿泊させる

ホテルになっているゲルの内部。
高さ４～5m、直径５～６m、３～４人は泊まれる。
食堂、トイレ、シャワーは共同で別棟になる

世界の窪地

地球上最も深い窪地は死海です。ヨルダンのこの地では海抜 0m の地点から死海の湖面までは 390m の説明が書かれている

死海の湖畔

アメリカ・ディスバレーでは標高マイナス 80 ～ 100m の谷が 200㎞も続きます。この地点の標高はマイナス 85.5m

マダガスカル島

マダガスカル島には９種類あるバオバオの８種類が生育している。
島の西側のバオバオ街道

針の山ツィンギーは島内の至る所に点在する

ヨーロッパ

ギリシャ・アテネのアクロポリスの丘。
パルテノン神殿の背後

オランダ・キンデルダイク風車群

南北アメリカ大陸

アメリカ・アーチス国立公園

ペルーとボリビア国境のチチカカ湖

ヨーロッパアルプス

スイス・クラインマッターホルン（3,883m）から西北を望む。
左端がマッターホルン

モンブランのエギュ・ド・ミディ展望台（3,840m）から東を見る。
中央はグランドジョラスの岩峰、はるかにマッターホルンを望む

スイス・ベルニナアルプスのピッツベルニナ（4,049m）とベルニナ氷河

はしがき

旅は人生に楽しみや希望を与えてくれます。よく考えてみれば、人生では次の瞬間に何が起こるかは分からないのですが、私たちは未来に希望を持って過ごしています。そして旅は「あした」以後の生活に新しい変化が期待できる、イベントなのです。

現代は数多くの旅の企画が新聞やテレビをはじめ、多くの媒体を通して宣伝される時代になりました。「有名な観光地を非常に安い金額で旅行できる」、「一度の旅行で沢山の観光地を回れる」など、それぞれの旅の特徴が宣伝されています。旅に出ようとする人たちは、その旅の良し悪しを見抜き、参加するかしないかを決めなければなりませんが、実際は老いも、若きもその眼力がないまま旅を選び参加してしまう人が少なくないようです。

旅は新しい知識を与えてくれます。自分に知的財産を増やしてくれる楽しい手段です。だから人々は「あしたの旅」に期待するのです。特に海外への旅は、地球を知り、自然を知り、そして人間活動を知ることによって、人間は自然の中に生かされているという摂理を実感できます。少しの努力で、あなたの旅は物見遊山から自己啓発、より良い人生を歩む旅へと高められます。

松尾芭蕉をはじめ多くの人が人生を旅に例えています。その人生の旅の中でも、人々は大小いろいろな旅を繰り返しています。その旅の目的も様々です。仕事で行かなければならない旅もありますし、家族の絆を深める旅もあるでしょう。どのような旅でも得るものはあり、特に多くの「知」が得られます。

一般的にある地点から自分の目指す目的地への移動が「旅」でしょう。その移動の途中には交通、宿泊、さらには関連するいろいろなサービスが含まれ、それらすべてが旅なのです。そして人々は自然環境、文化、教育、伝統、宗教や祭事、音楽、スポーツなどへの活動や興味を背景に、旅を重ねます。その中でも多いのは観光旅行ではないでしょうか。表現を変えれば物見遊山とも言えるでしょう。

第二次世界大戦終結後の現在の地球上には、幸いにも大きな戦争はありません。特別な地域や国々では、不幸な戦争や争いが絶えることは無いにしても、地球上をマクロに見れば平和な状況が続いていると言えたでしょう。２０２０年に地球上は思いもよらぬ新型コロナウイルスの惨禍に見舞われました。コロナ禍のため平和の祭典であるオリンピックも1年間延期され、開催されました。しかし、コロナ禍が下火になり始めたら、２０２２年2月、ロシアのウクライナ侵攻が始まり、世界は戦争の悲惨さを目のあたりにしました。地球上からは外国を訪れる観光旅行は消えてしまいました。人々は改めて旅は地球上が平和であるとともに、平穏でなければ実現できないことを知らされました。

国内旅行にしても海外旅行にしても、平和で平穏な時代が続いていることによって楽しむことができるのです。私は小学2年生の時に第二次世界大戦の終戦を迎えました。それからほぼ10年間は、日本国内では混乱が続き主食の米もまだ不足して、外国から輸入する時代でした。さらに10年が過ぎる頃、日本ではトランジスターに代表される、小型電子部門が世界の最先端へと発展しました。気が付いたときには自動車産業も世界の産業界に君臨するまでになっていました。経済の発展に伴い、日本人の海外進出が活発になると、高嶺の花だった外国旅行に出かける人も少しずつ増えていきました。そして20世紀の末頃からは、国内はもちろん外国旅行も日本人にとっては、ごく日常の活動になってきています。

明治の文明開化から第二次世界大戦前まで、アメリカやヨーロッパに行くことを「洋行」と称し、多くの人にとっては垂涎の的、行ったことのある人にとっては一生に一度の最大イベントでした。ところが今日ではアメリカやヨーロッパへの旅行は気軽にでき、とくに観光旅行では毎日何百人、何千人かの老若男女誰もが、国内の空港から外国を目指し、飛び立っています。

また最近は豪華客船での船旅も一般化してきました。少なくとも20世紀のころまでは「憧れのハワイ航路」、「アメリカ航路」などと呼ばれていた船旅が、完全に大衆化しています。

平和な日本を起点に、私たちは地球上のいろいろな地域の旅を楽しんでいます。大変すばらしい世の中になったと、戦争を知る世代の私は感慨にふけります。一方、50余年の外国旅行の中で見聞した日本人の行動には、疑問も持ちました。根本的には、この人は何のために旅行しているのだろうという素朴な疑問です。もう少し考えて旅に出ていたらもっと楽しかったのではないかと思うこともしばしばです。特に未知の地域での旅は、多くの新しい知見を得ることができるのに、なぜしないのだろうかと考えてしまいます。

広告や店頭での説明から、その旅の良し悪しを判断する眼力を養うには、やはりある種の情報収集が必要です。そんな情報を一冊の本にまとめておくことは、旅を計画している人たちに必ず役立つでしょう。いや、役立つ本を世の中に出すべきなのです。

旅の本によく見られる個人の体験記では、多くの場合、主観や自慢話に終始し、指摘が偏ります。まさにグローバルに役立つ情報が必要なのです。

日頃から考えていたそんなことをまとめ、観光旅行を計画している人たち、特にこれから旅を楽しもうと考えているシニアの方たちの参考になればと本書を執筆しました。ただ分からないのはコロナ禍の影響です。これから少なくとも数年は、新型コロナウイルスの感染の有無や対策が旅を選び、旅を始める重要な要素になることは間違いありません。ロシアのウクライナ侵攻による東ヨーロッパの不安定さも気になります。それらの情報こそがこれまでは見ることもなかった外務省のウェブサイトにある海外旅行者への注意や世界各国の外国人客受け入れ状況などにも、注意する必要があります。旅行会社任せではなく自分の目で確かめることが、自分自身の視野を広げてくれるのです。

山の高さや標高などは「理科年表2022」によります。本書を手に取ってくださった読者のこれからの旅がさらに楽しく、質の高いものにレベルアップする参考になることを願っています。

2022年10月

神沼　克伊

目次

第5章　地球を知り国を知り人を知る

第6章　経験者のおすすめポイント

第7章　クルーズ

第1章 人はなぜ旅に出るのでしょうか

世界旅行の参考書

1　あなたはどうして旅に出たいのですか

国内旅行、外国旅行を問わず「旅に出たい」「どこでもよいからどこか知らない土地に行きたい」と思うことはありませんか。私は現役時代には経済的にも、時間的にものんきな旅をするというより、できる余裕などありませんでした。そんな欲求は仕事がらみの国内での旅行や家族との小旅行で発散していたようです。山歩きが好きだったので、信州の山を歩いて、気分転換をしてもいました。幸運なことに、そんな山歩きに付き合ってくれる何人かの友人がいたことです。また外国旅行に関しては、たまにある外国出張の折、目的地近くの観光地を訪れる機会があり、それで満足せざるを得ませんでした。

旅をするのに理屈は要らない、行きたいから行くのだと考える人は少なくないでしょう。そのとおりで、旅行を考えるときに、毎回、毎回、「この旅の目的は」などと考えていたら、計画した旅も楽しくないかもしれません。ただ、旅に出たいと考えるときには、何かの動機があるはずです。それだけは認識しておいた方が、その旅はより楽しくなると言いたいのです。

「日頃の生活から息抜きの旅をしたい」と思ったら日本国内で温泉につかって何もしないでボーッとした時間を持つ、山の中の宿でそこにある自然の中に身を置くなど、とにかく「何もしない」旅をするのです。そうすることが本当の息抜きになるのですが、人間は欲が深いですから、せっかくここまで来たのだから「あそこを見よう」「ここへも行ってみよう」と考え実行すると、旅を終えてみると、「なんだか疲れた」旅になってしまいます。

目的がある旅でしたら、その目的達成のための情報収集には努力した方がよいです。できるだけ情報を集め、自分の目的を達成するためには、どんな旅がよいかを考え、計画を立てるのです。計画立案の過程も大切で、その間に旅の目的の情報や知識は増えていきます。目的達成への知識が増えることは、その成果も増えてゆくことになります。

50年以上も前、私が初めてパリを訪れたときのことです。その時は、とりあえずルーブル美術館だけを見られればよい、モナ・リザと、ミロのビーナス、そして好きなゴッホの絵の本物が1枚でも見られたらそれでよしと考えていました。ところがルーブル美術館ではゴッホの絵を見ることができませんでした。ゴッホなどの印象派の絵は近くのオルセー美術館に展示されていることを、帰国後に知りました。せっかく行くのだから少し調べて行けばよかったのです。そうしなかった私の失敗例です。

ただこの時、うれしかったことは高校生の頃に東京の国立博物館で開催されたルーブル美術館展で見て、印象に残った絵を再び本場で見ることができたことでした。旅には郷愁も重要な要素になるのでしょう。

2 目的をもって旅に出る人

「十人十色」と言われますが、旅も「十旅十色」で人それぞれが、それぞれの目的をもって旅をしています。そんな旅の中でよく聞くのは「一つでも多くの国に行きたい」「国連加盟国すべてに行きたい」という旅です。

国連加盟国の数は時代とともに変わります。そのような目的を持つ人に聞いたことがあります。「香港、マカオ、台湾は中国として一つに数えるのですか」と聞くと「そうです」と答えられました。国際オリンピック委員会は香港や台湾を一つの地域として、中国本土とは別枠で参加を許しています。中国のチベット自治区や新疆ウイグル自治区は、中国が併合した地域ですが現在でも紛争が絶えません。

１９９０年代ごろまでならソビエト連邦のどこかに行けば、それでソ連に行ったことになったでしょうが、ソ連崩壊後は15カ国に増えました。ベオグラードも6カ国に分裂しました。このように一つでも多くの国に行きたいと思う人は、その時代、時代のデータを注意して見ていないと、気が付いたら大きく変わっていたという事になります。

とにかく世界一周をしたいという人もいます。「世界一周」と一口に言いますが、その内容は多岐にわたります。ただその基本はすべての経度線、東経１８０度線から経度０度線を通り西経１８０度線（東経１８０度線と同じ）までを横切ることです。赤道付近では最短でも４万㎞の距離になりますが、高緯度になるに従って短くなり、南北両極点付近ではあっという間に世界一周ができてしまいます。どんな「世界一周」を望むのか、それによって計画は変わります。

地球上すべての大陸に足跡を残したいという人にも会いました。そのような人たちにとっての難関は、やはり南極大陸です。アジアとヨーロッパのユーラシア大陸、南北アメリカ大陸、オーストラリア大陸、アフリカ大陸へ行くのに苦労は要りません。しかし南極大陸になると注意が必要です。現在日本から出発している多くの南極観光ツアーは、南アメリカ大陸の延長上に位置する南極半島とその付近の島々を訪れることです。

日程の関係で付近の島々だけを訪れるツアーも少なくありませんから、まず確かに南極半島のどこかの海岸に上陸できる航海であるかどうかを調べることです。南極半島のどこかの海岸に上陸できれば、そこは確かに南極大陸ですから、足跡を残したことになります。ところが南極観光は天候次第でその予定は大きく変わります。南極半島上陸がキャンセルになるリスクがあることを理解しておかなければなりません。南極半島内の数カ所の海岸に上陸というような計画なら、たとえ悪天候が続いても１カ所ぐらいは上陸することができる可能性は高くなり、リスクは軽減されるでしょう。

船で行かないとなると、チリの南端プンタアレナスから内陸の観光基地に、直接飛行機で飛ぶ方法があります。この旅では確実に南極大陸の奥地まで行けます。価格が高額になるので日本の旅行会社に頼むにしても、自分ですべてを企画するにしても、十分に調べる必要があり、かなりの努力をしなければなりません。

ユネスコの世界遺産という制度ができてから、自然遺産でも、文化遺産、複合遺産でも世界遺産を訪れたいという人が急増しています。海外旅行の案内を見ても世界遺産への訪問は、そのツアーの目玉になっています。どの世界遺産も同じ観光をするにしても趣が異なります。文化遺産を見る場合は、やはりその文化の背景、歴史などを多少は知っておかないと、ただ古い建物が、あるいは古い町並みがあったで終わってしまいます。

自然遺産や複合遺産でも同じで、その成り立ちを少しでも知っておいた方が、訪れたときに、その地の理解が進みます。旅はそのような事前の調べから始まり、その調査もまた楽しくなることでしょう。

世界自然遺産のガラパゴス諸島（写真23）、イースター島（写真40）、ニューカレドニア、ハワイ諸島（写真22）など太平洋の島々だけを見ても、魅力ある旅が楽しめます。ハワイ以外はどの島に行くにも、遠方ですから、自分の目的をはっきりさせ、どうしたらそれが達成できるかを考えなければなりません。

ハワイ諸島の例では、自然が豊富なハワイ島、マウイ島、カウアイ島に対して、ショッピングが楽しめる大都会のホノルルが位置するオアフ島と、はっきりした色分けができていますから、それをよく理解して訪れる地域を決めるのがよいと思います。ただ私は個人的感情として、日本人がハワイを訪れたときには、少なくとも一度はパールハーバー（真珠湾）を訪問し、沈没した戦艦アリゾナの上に建てられた慰霊の場所、アリゾナ記念館と、少し離れたところに係留展示されている戦艦ミズリーを見学することを勧めます。

ミズリーの甲板には日本の神風特攻機が激突した箇所が明瞭に残っています。戦闘機を激突させ若者が自ら命を絶った場所です。しかし、相手への損害は側壁の鉄板が少し凹んだだけです。特別攻撃隊がいかにむごい作戦で、当時の日本国軍部の愚策だったかが分かる地球上でも数少ない場所です。戦争を知らない世代でも戦争の悲惨さ、無意味さが分かり、平和の尊さが理解できます。

また1945年9月2日、東京湾上に浮かぶミズリー艦上で第二次世界大戦の降伏文書への調印式が行われ、その様子も詳細に展示されています。

最近はジオパークも注目されるようになりました。「ジオパーク」は地球を意味する「ジオ」と公園の「パーク」を組み合わせた言葉で、地球科学的に見て重要な価値を持つ地域を保全して、教育や観光に活用するとともに、持続可能な開発を進める地域限定のプログラムです。国際的にはユネスコが2004年に「世界ジオパークネットワーク」を組織して、世界的に貴重な地質構造や地形、火山など複数を有する地域を世界ジオパークとして登録しています。いわば地球科学の自然公園、世界遺産の地球科学版と言えるでしょう。

日本では日本ジオパーク委員会が国内のジオパークを認定しています。2019年4月現在、44

写真1　ハワイ・パールハーバーの戦艦ミズリー。1945年9月2日、東京湾上で日本が第二次世界大戦の降伏文書に署名した場所が甲板に示され、保存されている。

地域が登録されていますが、そのうち9地域がユネスコの世界ジオパークに登録されています。2018年に世界ジオパークに認定された「伊豆半島世界ジオパーク」の地元では、これを契機にさらに観光に力を入れています。

野生動物が見たくて旅をする人もいます。その訪れる代表的な大陸はアフリカですが、オーストラリアでも南北アメリカでも、インドでもそれぞれ固有の野生動物を楽しめます。ペンギンは南極の代表的な動物ですが、南アメリカ、アフリカ南端、オーストラリア、ニュージーランドさらに赤道に近いガラパゴスなどでも見ることができるのです。

南極に白クマがいると思っている人

写真２　ネパールで象に乗ってサイを探す

は少なくないようです。南極大陸では最も高等な陸上動物はダニやシラミの仲間です。白クマはホッキョクグマとも呼ばれ、北極にだけに生息しています。

私はネパールで象に乗って野生のサイを見に行ったことがあります。朝食前にホテルを出発し、ゆらりゆらりと林の中を歩いていくと、突然象が立ち止まりました。５～６ｍ横に２頭のサイが草を食んでいました。このような形で見られるのを慣れているのか、サイは私たちを気にすることなく草を食べ続け、やがて背の高い草の中に消えていきました。

それまで私はネパールを山岳地帯の国とばかり考えていましたが、インドと接する南の地域には標高２００ｍぐらいの亜熱帯地域があることを知りました。そこの川にはワニも生育していたと記憶しています。私の勉強不足でした（第5章2参照）。

シマウマやアフリカゾウはアフリカ大陸、カンガルーやコアラはオーストラリア大陸など、それぞれの生息大陸は異なっています。しかし、私はあまり知識がないのですが注意していると各大陸で、それぞれ固有の野生生物とは思わぬ出会いがあります。野性の生態は見られなくても、動物園には必ず、その国の動物が展示されています。興味のある人はその可能性も考慮しながら旅の計画を考えるべきでしょう。

「山を見たい、氷河を見たい」と願う人の行き先は、まずスイスやネパールでしょう。ネパールなら8000m級の山々も容易に見ることができます。ロッキー山脈やアンデス山脈も5000m級以上の高山が並んでいます。パタゴニアは氷河も十分に楽しめる所です。

スイスとニュージーランドは日本人にとっては、最も気軽に行けて、しかも氷河の上を歩くことができる国です。自分が山にどれだけ入り込みたいかを考えて、行き先を決めるべきだと思います。

標高3000mを超す地域や山に行くときは、高山病も頭に入れておくべきです。スイスの山々は、登山電車やロープウェイで簡単に3000mを超えた地点まで運んでくれます。息苦しいくらいですめばよいですが、高山病になると気分が悪くなり事故のもとになります。何も考えずに他人任せの言われるがままの行動では、危険が伴います（第3章7参照）。

グルメ旅行で海外を目指す人も多いです。国際的な食べ歩きです。味覚や食べ物の好みは人それぞれです。何を食べても多くの日本人の口に合う料理が供される国もあれば、料理が全体に辛い、塩分が濃すぎるなどの理由で日本人が好まない料理が多い国もあります。自分自身の食の傾向を理解し、あまり他人の評判を気にしないで楽しむ気持ちが必要です。私はどこの国へ行っても必ず自分の口に合う料理があります。そのような料理になるべく早く出会えたら幸運な旅だと思っています。

自分の口にあった料理を探す一つの方法はホテルの朝食です。日本人の多くが宿泊するホテルは、バイキング方式とかビュフェ方式と呼ばれる朝食付きの場合が多いです。そこに並ぶ多くの料理の中には、その国特有の料理や果物など、「その国の味」が供されていますから、その中から自分に合う料理や食品を探し出せるのです。

日本人にとって中国はやはり食事のおいしい国でしょう。しかし広い国です。地方、地方でそれぞれ特徴がありますから、すべてが口に合うとは限りません。北京でさえ北京ダックの供し方が店によって違いがあります。口に合う、合わないは別にして、私は中国で初めて犬の鍋料理を食べ、蛇も食べました。そんな経験ができるのも旅の楽しみです。まだ猿や熊の掌を食べる機会はありません。

外国に行っても日本食にこだわる人がいます。最近は世界の主要都市では日本食のレストランも珍しくなくなりました。しかし、日本食レストランとは名ばかりで、外国人が経営し、調理する店が少なくありません。「おいしくない」というよりは、「まずい」のに値段は高い例が多いです。私は一人旅の時は、2週間でも3週間でも現地食主義です。訪れた国の食文化を知ることも旅の楽しみです。

オーロラを見る旅もブームのようです。オーロラは地上80～２００㎞ぐらいの高層に現れる電磁現象で、その活動は11年周期です。活動が活発でない年でもオーロラは出現します。ただ活動が活発の時期の数年間は「竜が空を駆け巡る」と表現されるような、あるいは「光のシンフォニー」と言われるようなカラフルで活発に躍動するオーロラの出現頻度が高く、活動の低い数年間は、そのようなオーロラの出現頻度は低いのです。どれだけその姿を楽しめるかは、運次第です。

地球の表面10㎞ぐらいまでの対流圏には雲があります。１００㎞の上空でオーロラが乱舞していても、空が雲でおおわれていてはオーロラを見ることができません。

オーロラは極地方ならどこでも同じように出現するわけでもありません。磁軸極を取り囲むオーロラ楕円帯と呼ばれる帯状の地帯での出現頻度が高いです。アイスランド、スカンジナビアの北部、アラスカ、カナダ北部などがその帯の上に位置しており、日本からのツアー客が訪れる地域となっています。

オーロラを見たいと思ったら、多少はその発生する理屈を理解し、なるべく出現頻度の高い時期に、天気のよさそうな場所を選ぶのがよいのです。その情報は今ではスマートフォン上でも簡単に得ることができる時代になっています。

それぞれの旅に目的を持ち、実現するためのちょっとした努力で、「あしたの旅」が一層楽しいものになることを理解していただけたでしょうか。

3 目的が無く旅に出たい人

目的は無いけれど、とにかく旅に出たい、どこかに行ってみたいという人は、好奇心が旺盛で、日常生活からの脱却を望んでいるのでしょう。また友人、知人の誰かが旅行をしているから、自分も行ってみたいと思う人もいるでしょう。そのように特別の目的はないが旅に出たいという人でも、旅行会社が作ってくれた旅程に従い、あるいは友人知人にくっついて、または団体の観光ツアーに参加して、旅をすることになるのでしょうから、出発前にどこに行くのか、その行く先は分かります。目的地が分かったら、その土地や地域について、多少なりとも知識を得ておくことが、旅の楽しさを倍増させます。観光案内書からは容易にその情報が得られますが、そればかりでなく、その地を舞台にした小説やエッセイなどを読むのも、視野を広げる方法です。

近年日本でもオリーブオイルを使う人が急増しています。オリーブオイルの産地は地中海ですが、もしそれを知らなくても、スペインやイタリアに行く計画があって、案内書を読めばオリーブオイルの事は紹介されているはずです。自宅の食卓のオリーブオイルが地中海と結びつき、旅の楽しさが増えるのではないでしょうか。

ワインの好きな人ならフランスがワインの本場なことはご存知でしょう。同じようにスイス、イタリア、あるいはアメリカのカリフォルニアのワインについても造詣が深いかもしれません。ところがブルガリアとルーマニア国境のドナウ川沿岸地域でも非常に質の高いワインが生産されていることは知っているでしょうか。チリもまたおいしいワインを生産している国です。知られざる名産のワインを楽しむ旅も期待が持てるでしょう。

イギリスがスコッチウイスキーの本場であることも、酒好きの人にとっては常識でしょう。ではコニャックはどうですか。コニャックはジョージアが発祥の地で、イギリスの宰相だったウインストン・チャーチル（1874-1965）が好み世界に広がったと、現地を訪れたときに聞きました。それが本当ならコニャックは20世紀になって世界に広まったことになりますが、私はアルコールが一切飲めませんので、その後も調べたことはなく真偽は不明です。でもそんなことを知るのも旅の楽しみです。コニャックが有名ですから、ワインもまたジョージアの名産品の一つです。

イタリア観光から帰った人が、ローマは素晴らしかった、スペイン広場やトレビの泉も訪れたと顔を輝かせて、思い出を話してくれました。そこで私は「フォロ・ロマーノはどうでしたか」と聞いたところ、その人は「それは何」という顔をしました。

確かにフォロ・ロマーノは周辺の道路からは窪地になっており、コロシアムやトレビの泉、スペイン広場のように目立つ存在ではないかもしれません。しかし、ジュリアス・シーザーゆかりの地です。私はローマを訪れ、その発祥の地ともいえる、フォロ・ロマーノが記憶にないとは、その人の旅が気の毒になりました。事前に案内書か何かで、少しでも頭の隅に知識を入れておけば、車窓から眺めただけでも、２０００年の歴史に思いを馳せられただろうにと、思いました。

日本国内の旅行で、奈良を訪れたとします。東大寺、春日大社や興福寺は確かに見ました、訪れました。でも平城京跡はどこにあるのか、記憶にないというようなものです。奈良は古い街とは知っていても、日本の歴史が始まったころの都があった場所だという事までは知識がないのと同じです。

そんな余計な知識を入れたくないから、どこでもよいから行ければよいという人もいるでしょう。しかし、同じ場所を訪れる回数は限られます。せっかく行くのなら少しは事前に知識を入れておいた方が、楽しい旅になるはずです。その事前に得られた情報の中でも、一つか二つは自分の琴線に触れる情報があるかもしれません。そうなれば、その「あしたの旅」の楽しさは倍増するのです。

4　何を見たいか

旅に出たいと考え計画を立てたり、行き先を決めたら、自分はその旅で何を目的にするのか、何を見たいのか、何を食べたいのかなどを自分なりにはっきりさせることが、旅を楽しくします。一つの旅でも大きな目的のほかに、一つ一つ訪れた町で、それぞれの楽しみ方があります。

ポーランドのワルシャワは第二次世界大戦中にドイツ軍によって完全に破壊されてしまった旧市

写真3　ポーランド・ワルシャワの聖十字教会に眠る楽聖ショパンの心臓

街地を、当時の建物のレンガ一つひとつから調べ、町を完全に復旧再建したことで世界遺産になっています。そのような知識もなく訪れた私は、その事実に驚嘆しました。

ポーランドの歴史的偉人はコペルニクス、ショパン、キュリー夫人です。私は特にコペルニクスとキュリー夫人の遺跡に触れたいと訪れ、それぞれの目的を達成しました。ショパンについてはあまり関心がなかったのですが、聖十字教会になぜショパンの遺体ではなく、心臓を埋葬してあるのかを知る過程で、ポーランドの歴史も知ることができました。このように少しの知識が、芋ずる式に新しい知識を増やしてくれます。まさに旅は知的財産を増やしてくれるのです。

音楽の知識が全くない私ですが、中学生

のころに「楽聖・ショパン」という映画を見た記憶があったので、ショパンについても興味はありました。そしてワルシャワはショパン一色に染まっている町だとも感じました。ショパンの生まれた場所は車で1時間の郊外に保存されています。そこではピアノの演奏もありました。市内のショパン博物館は大きくはありませんが、好きな人は一日中滞在しても飽きない展示内容でした。市内のショパン通りにはところどころに置いてあるベンチにはボタンが付いており、それを押すとショパンの曲が流れます。

同じような経験はオーストリアのザルツブルグやドイツのボンでもしました。ザルツブルグはモーツアルトの町です。生家が残り、銅像が立ち、チョコレートの包装にまで肖像が使われています。ボンのベートーベンの生家も同様です。音楽好きの人なら「作曲家の生家を訪ねる」という目的だけで10日間ぐらいの旅でも十分に見るべきものがあるのではないでしょうか。

ポーランドではアウシュビッツも訪れました。アウシュビッツがあるので、私はポーランド旅行を長い間控えていました。控えるというよりは話に聞く悲惨さを見たくないという気持ちです。私は50年以上前に初めて広島で原爆の爆心地を訪れましたが、その後は、広島に行っても平和記念館を訪れたことはありません。あの悲惨さに耐えられないのです。長崎への感情も同じです。

心の中の様々な葛藤の末、人間として一度は訪れるべき場所だと考えなおして、ワルシャワ訪問のあと、アウシュビッツにも行きました。訪れた後の感想は「人間として一度は訪れるべき場所ではあるが、必ず行きなさいとか行くべきだ」とは言えないと思っています。アウシュビッツではイ

写真4　ポーランド・アウシュビッツ収容所の門、列車で入った人は二度と出ることはなかった

スラエルの女子学生の団体が涙を流しながら説明を聞いていたのが印象的でした。戦争の爪痕は世界のあちこちに残っています。旅のついででも構いません。そのような場所も訪れ、世界の平和を再認識して欲しいです。

5　どこに行きたいか

旅の目的の一つに、「この国へ行きたい」あるいは「ここへ行きたい」と行く先を決めている場合があります。1カ国でも多くの国を訪れたい人も、新しい国に入ったら何をしようかを決めているのではと思います。そうでなければ、その国を訪れた意味も証拠もないからです。

20世紀までは、多くの国でビザが必要で、その国に入るには入国審査が行われるのが普通でした。入国審査とともにその国の通貨への両替も入国時の大きな作業でした。ビザとその国の通貨とが訪れた証拠となります。ところがヨーロッパ連合（ＥＵ）が形成され、通貨もユーロに統一されたのをきっかけに、世界の旅行事情は大きく変わってきました。南米の国の中には自国の通貨として米ドルを使っている国もあります。

日本と国交のある多くの国が、ビザなしで日本人を受け入れてくれるようになりました。ビザが不要な国が増えるに従い、自分のパスポートにも訪れた国々すべてが記載されなくなりました。ＥＵに関して言えば最初に訪れた地と、最後に訪れた地で入国、出国の手続きがあるだけで、その間に旅した国はどこへ行ってもパスポートには記載されていません。

そこで私はよく一緒に旅行した友人と相談して、自分たちの「訪れた国」の定義を決めました。ある国を訪れたという以上、理想的には少なくとも一泊はその地で過ごすこと、スケジュール上、時間に余裕がない場合でも、その地で「食べ物、飲み物を買って口に入れる、たとえ絵葉書一枚でも記念品を購入する、トイレを使用する」を条件として、実行してきました。

行きたい国を訪れてもその目的をはっきりしておかないと、行ったか行かなかったか、時間の経過とともにはっきりしなくなることが多いので、こんなルールを設けました。

鉄道の好きな人が、世界各地の鉄道に乗りたいと実行している人がいます。このような旅になりますと、目的がはっきりし、そして行きたい場所が極めて限定されてきます。シベリア鉄道、オリエント急行など、世界的に有名な路線には日本からもツアーが出ているようです。もちろん旅行会社を通して、あるいはインターネットで個人的にも予約ができ、切符の購入が可能になっています。

アフリカのビクトリア滝を見るために、ジンバブエのビクトリアフォールズ市に滞在していたときのことです。ホテルが中央駅のすぐ前に位置していました。中央駅といっても駅舎があるわけではなく、プラットフォームもそれほど高いわけでもなく、日本の地方の駅と同じように、そこに立っても駅という感じがしませんでした。

夕食の時間頃、私の滞在するホテルに、日本人の一団が入ってきました。聞くとはなしに、グループの人たちの話声を聞いて理解したことは、そのグループはアフリカ南部の鉄道の旅を楽しむグループでした。ジンバブエより北のザンビアから列車に乗り旅行をしているらしいのですが、すでにジンバブエに着いたときには列車が24時間、予定より丸一日遅れているとのことでした。そのグループの最終目的地は南アフリカのケープタウンですから、さらに2日間ぐらいはかかるのではないでしょうか。2～3時間の滞在中にホテルで夕食をとり、ビクトリア滝をちょっとだけ見て、乗ってきた列車に再び乗り込み旅を続けるのだそうです。鉄道好きの方々だからでしょうか、24時間遅れている旅程にも動ずることなく楽しんでいるようでした。

21世紀に入り、南アメリカの航空機事情は、かなり悪くなったように思えます。２０１７年にボリビアのウユニ塩湖やイースター島を訪れたときのことです。日本から経由地のアメリカ・ロサンゼルス往復を除いて、合計16回、飛行機を乗り降りしました。16回中、まともに飛んだのは１回だけで、残りはよくて1~2時間、最大23時間の遅れがありました。

その後も南アメリカの旅ではたびたび飛行機の遅れに遭遇しています。目的地はよくても、そこへ到着するまでにはいろいろ障害が起こります。計画を立てるときは、そのような事情も考慮しなければなりません。旅行中に発生する障害が最初から頭に入っていれば、遭遇してもうまく対処できるでしょうが、そうでなければパニックになってしまいます。

個人旅行の時は行きたい場所や国の、それぞれの事情や交通手段の諸情報を事前になるべく得ておくことです。

6　自分の目標をはっきりさせる

旅の日程が決まったら、その旅で自分自身これだけは楽しみたい、見物したい、食べてみたいというように、目的をはっきりさせることです。

宿泊先のホテルがホテルライフが楽しめそうなホテルであれば、観光時間を短くしホテルに滞在する時間を長くする日を設けるのもよいでしょう。またホテルの備品のチェックもしておいたほうがよいかもしれません。安いホテルしか泊まらないという旅では、最初からホテルのサービスには期待せず、自分ですべて用意して行く方が賢明でしょう。どんなホテルでも石鹸とバスタオルは用意してあります。飲み水や湯も用意はされているでしょう。しかしそれ以外は期待しないで、パジャマ、スリッパ、シャンプー、電気のコンセントなど自分で用意すれば困ることはありません。

日本では旅館でもホテルでも、パジャマや寝間着に相当するものは必ずといってよいほど用意されていますが、海外旅行ではないのが普通と考えておいた方がよいでしょう。近年は中国、韓国などでもホテルは欧米並みの設備とともに、和式とも呼べる寝間着やパジャマ、スリッパなどを用意してあるホテルが増えてきています。それをまねたのか欧米でも、そんなホテルもありますが、まだ例外的で、睡眠時にはこんな服装で寝るんだと想定して、準備しておくことを勧めます。

２０２０年でも世界中の欧米系のホテルではウォシュレットのトイレがあるホテルは、まだ少ないです。もちろんトイレットペーパーは備えてありますが、水洗式でもペーパーは別に捨てなければならないところもあります。日本では街中に出れば、いくらでも手に入るティッシュペーパーが旅行中はなかなか手に入らないこともあるのです。旅とはそういうものです。準備段階では豊かな日本は忘れたほうがよいかもしれません。

ホテルライフを楽しむ方法の一つがサウナやプール、あるいはフットネスです。この種のサービスも日本のホテルではほとんど有料ですが、欧米のホテルでは無料が普通です。時間があれば気分転換の水泳も楽しいです。夏でも冬でも欧米の旅には水着を持参することを勧めます。

余裕がある時には一度ぐらいはイギリス式のアフタヌーンティーを楽しむことを勧めたいです。豊かな気分になります。私はカンボジアのシェムリアップのホテルで供されたアフタヌーンティーの内容にこまやかな心遣いがあり、忘れることができません。

訪れる場所で自分が見たいものは、その数が少なくてもきちんとリストアップしておいた方がよいでしょう。長旅になってくると、例えばバスの中で説明を受けていても、うとうとしていて聞き逃し、結果的には記憶に残らないことになります。

ルーブル美術館での出来事です。ミロのビーナスの展示空間は広いので、その時も、私はゆっくりと正面から、横から、後ろからといろいろな角度から眺めていました。そこへ日本人の数名のグループがやってきました。当時の私は30歳前半でしたが、そのグループの人たちは私には明らかに「おじさん」に見えました。

その人たちは、ミロのビーナスを見つけると「ここだここだ」と言いながら、皆並び私にカメラのシャッター押しを頼みました。私が2、3枚撮って渡すと、お礼もそこそこにその場を去っていきました。そのあとどこを見たのかは知りませんが、私はあっけにとられました。

「パリに行ったらルーブル美術館に寄り、ミロのビーナスを見物する」という目的はあったのでしょう。ミロのビーナスの展示してある場所に来て、写真も撮ったのだから見たことにはなるでしょう。しかし、美術館は見る場所ではなく鑑賞する場所です。せめて2、3分でもよいから眺めたらよいのにと、余計なことを考えました。

それぞれの土地の名物料理を食べるのも、旅の楽しみの一つです。ツアーでは、名物料理が出るとは限りませんが、個人旅行や夕食が自由な旅でしたら、その土地の名物料理を堪能できます。

言葉の分からない国で、名物とはいっても料理の内容もよく理解してないような場合には、その料理にありつくのは大変です。目指す料理が食べられたら「ラッキー」と思った方がよいかもしれません。しかし日本国内の旅行でも、知らない街ではなかなか思いどおりの食事ができないのではないでしょうか。いろいろ探すのがまた旅の楽しみでもあるのです。

最近は欧米でも日本語のメニューのあるレストランが増えてきています。そんなレストランは料金も高い場合が多いですが、どうしても食べたい場合はそんなレストランを探すのも一つの方法です。大きなレストランには入り口にメニューが置いてあり、それに日本語が書かれてあれば、間違いなく目的に近い食事はできるでしょう。そのようなレストラン情報はホテルで得られることもあります。「だめでもともと」の気持ちで聞くことです。

日本でもそうだと思いますが、レストランではお互いに静かに食事をするのがマナーではないでしょうか。お酒が入るとついつい声も大きくなりますが、隣のテーブルの人のことも考え、食事は静かに進めて欲しいです。

旅の途中でつい手が出てしまうのが、それぞれの土地で名物と呼ばれるお菓子や土産用の小物です。他で買えないなどと言われるとつい土産に一つと買い込み、気が付くとかなりの量になっています。私もお菓子類は好きですから、よく買っていました。しかし、本当によいもの、あるいは名物は空港でも売っています。空港での購入は値段は少し高くはなりますが、買いすぎて持つのに困るというようなことは起こりにくいです。なるべく全体の日程を考えながら、土地の名産を手に入れていくのがよいでしょう。現地でよいと思って購入しても、帰国して落ち着いてみたら「こんなものだったのか」となる品は少なくありません。

7　探検と冒険

「探検」や「冒険」に憧れて旅に出たい人も少なくないでしょう。「探検旅行」「冒険旅行」は確かに魅力ある言葉であり、元気な人にとっては是非実現したい旅行でしょう。そんな人々に水を差すようですが、まず探検と冒険は根本的に「似て非なるもの」です。広辞苑（岩波書店、第6版）には「探検」は『未知のものなどを実地に探りしらべること。また、危険を冒して実地を探ること』、「冒険」は『危険を冒すこと。成功のたしかでないことをあえてすること』とあります。

探検は人類に知的財産をもたらしますが、冒険はあくまでやっている人に満足を与える行為です。根本的に違いがあります。

15世紀に入り大航海時代と言われるように、ヨーロッパから多くの航海がなされ、新大陸が発見されていきました。人類史上最大の探検の時代と言えるでしょう。その後は新しく発見された南北アメリカ、オーストラリアなどの内陸地域の調査が進行しましたが、探検として有名なのはイギリスのリビングストンとスタンリーのアフリカ探検、ノルウェーのアムンセンとイギリスのスコットによる南極点到達旅行が、多くの人の記憶に残る探検旅行だったでしょう。

アフリカのビクトリア滝に面したジンバブエのビクトリアフォールズ市とザンビアのリビングストン市には、ともにリビングストンの像が建てられています。リビングストン市そのものがリビングストンにちなんで命名されています。

アムンセンの銅像はノルウェーのトロムソに、スコットの像は南極探検に出発したニュージーランドのクライストチャーチ（2011年の地震で倒れた）にそれぞれ建てられています。

コロンブス、マゼラン、クックなど地理学的発見に貢献した航海者たちの銅像もそれぞれの関連した場所に建てられています。人類史上の探検とはそれだけ価値があったのです。

探検に関し、日本では大変興味ある事実があります。明治の終わり、白瀬矗が率いて「南極探検」が実施されました。日本には極地に行く、極地を調べるなどという風土のない時代でしたから、探検の実施には多くの困難が伴いました。

白瀬隊に続いて南極に行くことになったのが、1957年から始まった国際地球観測年での南極観測への日本の参加です。参加が決まり観測隊が組織されましたが、その名称は「日本南極地域観測隊」でした。メディアによっては「南極探検隊」と報道していましたが、日本政府は「観測隊」に固執しました。未知の大陸ですから『危険を冒して実地を探る』ことはあるはずですが、全員国家公務員として南極に赴く隊員が『危険を冒す』ことがあってはならない、隊員の安全面に重点を置いた国のタテマエ論から、「観測隊」の名称になったのです。

南極観測が始まり60年以上が経過し南極大陸の姿はほとんど解明されました。細部は別にして大陸内ではどこにどんな山があるか、陸地をおおう氷の厚さはどのくらいか、氷の最も厚い場所は何処かなどはすべて解明されています。地球上では新大陸発見、高山の発見、最長河川の発見などのような探検の時代は去りました。各大陸を含め地球表面の姿はほとんど分かっています。

南極大陸は「南極条約」という国際条約により、科学的な調査・研究に限りその活動が認められていました。したがって20世紀の間、南極観測隊に参加しないで南極に行くには、何かしらの科学調査を標榜して南極大陸内に進出していました。しかし、そのような名目を作り南極を訪れた探検隊は、実際どのような科学的な成果を得たのかははっきりしません。結局、南極大陸内での行動中に気象観測を継続した、雪面の状況を記録し続けたなどと、科学調査の型式は整えられても、探検の名目に期待される成果は聞こえてきませんでした。

世界各国では観光旅行用のガイドブックはほとんどあらゆる分野で出版されています。南極に関しても英語圏の国では「Antarctica」というタイトルで発行されています。しかし、日本で出版されているガイドブック的な本は拙著の2冊だけです（「南極に行きませんか」出窓社、１９９９、「旅する南極大陸」三五館、２００４）。

アフリカ大陸で未知のウイルスを探すというような旅はあるかもしれませんし、可能でしょう。海の中の探検は陸上よりは成果が出るかもしれません。今後とも、その程度の探検旅行は存在するかもしれませんが、私は地球上での探検の時代は終わったと理解しておくべきと考えています。必要な経費を払えば、宇宙観光も可能になってきた現在、探検旅行も宇宙に目を向ける時代になりつつあると言えるでしょう。

8 冒険旅行

自分の欲望を満足させるのが冒険旅行と定義しましたが、その欲望は「危険を冒す」ことや「成功が確かでないこと」をすることで、対象は自然と人間に分けられるでしょう。「外務省が渡航自粛地域に指定はしているが、興味があるから行ってみたい」というのが、後者の例です。戦闘状態が続くアフガンを中心にした中近東への旅行は、やはり危険は自己責任とは言っても行くべきではないでしょう（第4章4参照）。

少なくとも20世紀の間、個人の大きな冒険旅行はやはり南極大陸でした。オートバイで北極点到達に成功した人が南極点を目指しました。南極大陸の氷床上をオートバイで走れば、そのルートは当然汚染されます。ところがその人は、オートバイで南極点を目指し自然保護だか環境保護を訴えると語っていることを新聞で読み、あきれました。日本の東海道を走るならともかく、人はおろか眺望の利く範囲に生物は全くいない世界で何に対して訴えたのでしょうか。

各大陸の最高峰に昇るのは多くの登山家にとっては一つの夢のようです。その夢を実現するために南極大陸の最高峰ビンソンマッシーフ（４８９７ｍ）に登り目的を達した人がいます。その人は自分の経験をいろいろな場所で講演していました。『私たちは登山中に自分の出した汚物を含め、小便以外すべて持ち帰りました』。私もその話を聞いたのですが、『南極の自然を傷つけることなく登ってきたのです』と、得々と話していました。

その頃、１９８０年代以降の南極大陸では、各国が南極大陸の環境保護に乗り出していました。私が参加していたアメリカ隊やニュージーランド隊では１９７０年代から、野外調査隊は汚物を含め全ての物を持ち帰ることが義務づけられていました。南極大陸内や周辺の島々を訪れた時、ゴミを持ち帰ることは当たり前なことで、自慢したり強調したりすることではありませんでした。しかしその登山家の気持ちとしては困難な登山の中でもゴミを持ち帰ったことを誇りに考えていたのでしょう。

その頃の観測隊の知識として、南極上空を飛行機が飛ぶと、その航空路に沿って一週間ぐらいは排気の痕跡が残ることが明らかになっていました。氷床上を移動すれば、それだけでも南極の氷は汚されます。ゴミを持ち帰ったから南極を汚さないで登山してきたと言うのは間違いです。

その話を聞いた直後のパーティーでその人に、航空路が汚れる話をし、「南極を汚さないで登山してきたとは言わないで」と言ったところ、しばらく下を向いて沈黙した後、「人間て勝手ですね」とポツリと答えました。「理解していただければ結構です」とその会話は終わりました。ところが後日、その人は相変わらず、『南極を汚さないで登山してきた』と自慢していることを聞きました。

このように、冒険旅行の中にはなるべくなら控えたほうがよい行動がしばしば含まれます。それを自己中心的に都合よく解釈し、自分の行動を正当化する人が少なくありません。注意すべき点です。

1990年前後のことだったと記憶していますが、南極の活火山・エレバス山山からスキーで滑り降りることを計画している人をサポートする人から電話での問い合わせがありました。そのスキーヤーは「世界で初めて南極の活火山から滑り降りる」を目的に、ある民放の支援で実行しようとしたが、天候不順で火山がある南極ロス島に上陸ができず実現できなかった、いろいろ助言を得たいとの話でした。

私が驚いたのは、その知識の無さでした。まずロス島に到着するルートは船か飛行機か、船ならどのような船なのか、南極観光船かどこかの国の観測船に便乗させてもらうのか、飛行機ならアメリカやニュージーランド隊の南極観測隊が運用しているマクマード基地への便に便乗できるのか、便乗できたとして、エレバス山の登山拠点への移動はどうするのか、など問題はいろいろありました。前述の登山同様、持ち込んだ物はすべて持ち帰るのだから、その処理も考えなければならないのです。

そして、世界初を目玉に企画し民放からも資金援助を受けているというのに、実は世界初ではないのです。当時の私はアメリカやニュージーランドの研究者たちと10年以上実施していた「エレバス火山の地球物理学的研究」が終了したころでしたが、日本でエレバス山に関しては最も知識があると自負していました。私たちの研究を助けてくれたニュージーランド隊やアメリカ隊のフィールドアシスタント（野外調査隊を支援してくれる人）の中には、すでにエレバス山頂から山麓へスキー滑降をした人たちが複数人いました。正式な記録として残っているのかどうかは知りませんが、エレバス山の山頂からスキーで滑り下りる冒険は決して人類史上初めてではなかったのです。

そんなずさんな意図と計画でしたが、私は日本国の税金で南極の専門家に育ててもらったのですから、多くの人にその知識を還元する義務は負っていると考えておりましたので、できるだけの情報は提供しました。その後、どのようにその計画が進行したか知りませんが、ある日の新聞で突然、エレバス山からのスキー滑降のテレビ番組があることを知り、見ました。もちろん世界初とは宣伝していませんでしたが、ゴミ問題も語られてはいなかったと思います。

冒険旅行を享受し、それを楽しむのはあくまでも本人です。他人の冒険旅行談に勇気づけられたという人がいます。私は登山を含めいろいろな冒険旅行の話を聞いても「ご苦労なことだ」とは思っても、勇気づけられたことはなかったと思います。冒険はそれを行う個人のためのもので、他人のためにするものではないからです。

ですから、世界初を標榜して民放から資金援助を受ける冒険旅行など、私には考えられません。同じようなことは、ときどき日本でも起きています。高齢な登山家が高額な資金援助を得てエベレスト登頂に成功した話は、人に勇気を与えた、だから資金援助の価値があるのだというような論法には、私は賛同しません。冒険旅行もそうですが、自分が楽しむために必要な資金は自分で稼ぐのが基本だと思うからです。企業も冒険旅行を援助する資金があるのなら、宣伝力は低下するかもしれませんが社会的弱者のためというような社会貢献に役立つ寄付をすべきだと考えます。

9 私の夢の冒険旅行

私の南極での研究生活は多かれ少なかれ探検的、あるいは冒険的な要素を含んでいたからかもしれませんが、山歩きやトレッキング以外、冒険的な旅行はしたいと思ったことはありません。ただできたかどうかは別にして、こんな旅をしてみたいと考えたことはあります。そのいくつかを紹介します。

「アメリカ合衆国の国道ルート66のドライブ旅行」はアメリカを知るには良い旅だろうと想像しています。ルート66の名称は映画や歌でも知られていますが、イリノイ州シカゴから西海岸のカリフォルニア州サンタモニカまで全長３７５５kmのアメリカをほぼ横断する国道です。１９２６年に建設され、その後の高速道路の発達で１９８５年に閉鎖されました。閉鎖されても、その代わりの高速道路があるのだから、同じような旅はできそうです。

五大湖の一つミシガン湖の南端に位置するシカゴを出発し、ミズリー、カンザス、オクラホマ、テキサス、ニューメキシコ、アリゾナの６州を通過し、ロサンゼルスを経由してサンタモニカまでの旅です。それぞれの洲に一泊ずつするとしても一週間以上は必要です。全行程一人での運転はきついでしょうが、冒険とは呼べずとも、やって見たい、あるいはやってみたかった旅の一つです。

南アメリカ大陸ではアマゾン川の源流域、アマゾン盆地で現在でも文明人とは非接触を保っている原住民の部落を訪ねたいです。世界の自然遺産として中央アマゾン保全地域群（ジャウー国立公園）もあります。熱帯雨林の自然公園ですが入るにはブラジル政府の許可が必要と聞きましたが、それ以上は調べていません。想像するに原住民の部落を訪れるには陸路は無理で、宿泊可能なキャビンを有するボートを、操縦士付きでチャーターしないと行けないのではないか、すると必要な資金は高額になり私の個人旅行としては無理でしょう。

アマゾンが無理ならパタゴニア地方の氷河を含めたアンデス山脈南端のトレッキングなら行ける可能性は高いでしょう。陸路は長期間になり大変ならアルゼンチンの首都ブエノスアイレスからそれぞれ空港のあるサンカルロステバリローチェ、エスケル、カラファテなどアンデス山脈（パタゴニア）の東側、つまりアルゼンチン側の街を空路で訪れ周辺を歩けば、パタゴニアの自然景観は十分に堪能できるでしょう。

ユーラシア大陸での最大の魅力はシルクロードの制覇です。中国が解放される前は、シルクロードは夢のまた夢でしたが、１９８９年の天安門事件の直前、初めてウルムチを訪れ驚きました。考えてみれば中国の新疆ウイグル自治区やチベット自治区は漢族ではないので当たり前のことでしたが、空港に中国語（つまり漢字）とともに、アラビア文字でウルムチとの表示があったことです。

その頃は貧しい大都市の印象だったウルムチは、30年後に訪れた時には人口300万人の大都市になっていました。

天山山脈からタクラマカン砂漠、カラコルム山脈からパミール高原を超えれば、タシュケントやサマルカンドのオアシスが点在しています。イスラム国圏に入りトルコへと続く旅になります。ラクダとともに宿泊した隊商宿も残っている町があります。

私は現在まではそれぞれの特徴のあるシルクロード沿いの街を点として訪れてきましたが、せめて1カ月ほどをかけて、長安（現西安）を出発してトルコまでは訪れてみたいという希望は持っています。途中では孫悟空（西遊記）やアラビアンナイト、千夜一夜物語などの世界にも触れることができるでしょう。やはり途中の交通手段が大変かもしれません。私にとって夢で終わる旅かもしれませんが、個人の冒険旅行としては魅力があります。

エジプトのカイロから南アフリカのケープタウンまでのアフリカ縦断の旅も魅力があります。その一部ケニアからタンザニアなどをめぐるサファリツアーは目撃したことがありますが、アフリカ大陸の北端から南端までのツアーは催行している旅行会社はないようです。一回のツアーで回るにはアフリカ大陸は大きすぎます。レンタカー、列車、ナイル川を船で遡上するなどの手段を併用し2カ月ぐらいをかければ実現可能でしょうが、少なくとも現在の私では無理です。若いうちは時間と金がない、その余裕ができるころには体力がないと、冒険旅行はやはり大変です。しかしアフリカ大陸縦断はやはり魅力があります。

オーストラリア大陸は地球上最小の大陸ですが、その4割が中西部の砂漠地帯です。大陸の中心地域には世界複合遺産に登録されているウルル・カタジュル国立公園が位置し、その中心がエアーズロック（先住民族アボリジニの言葉でウルル）で「地球のへそ」と呼ばれています。エアーズロックは高さが８６７ｍの世界でも2番目に大きな一枚岩とされていますが、地形学的には残丘と呼ばれます。高い山が風化され現在の姿になりました。西隣に位置するオルガ山（１０６９ｍ）もまた同じような残丘です。エアーズロックの麓の壁にはアボリジニが刻んだ線刻画が残っています。

北東に３５０㎞離れた砂漠の中の都市アリススプリングには空港があり、東海岸のシドニーやメルボルン、南のアデレードからも毎日定期便が飛んでいます。空港からレンタカーで半砂漠地帯や砂漠地帯のドライブを楽しみ、「地球のへそ」の周囲を回りたいのが、私の夢である冒険旅行の一つです。砂漠地帯でも道路は完備していますから危険はありません。砂漠と岩山の風景は日本のドライブとは趣を異にします。

大陸のスケールの大きい冒険旅行ばかり記しましたが、訪れた先での小さな冒険旅行も可能です。オーストラリア大陸の南東側には日本と同じ島国ですがやや小さなニュージーランドが位置しています。ニュージーランドは北島と南島に分かれますが、北島には火山が、南島のサザンアルプスには氷河が存在し、日本アルプスとは趣を異にしています。

ほとんどの氷河は西側に向かって流れ出し、その上を歩くことができます。氷河のトレッキングは小さな冒険旅行です。南島の南西端付近のミルフォードサウンドは、フィヨルドランド国立公園内の典型的なフィヨルドです。そのフィヨルドに沿って3泊4日程度で歩けるトレッキングルートが作られており、一日に入山できる人数は限られますが、予約する権利はすべての観光客に開放されています。途中の山小屋は清潔に管理され、快適なトレッキングが楽しめます。日本出発前に入山許可を取っておけば、気持ちの良い冒険旅行が楽しめるでしょう。旅の終わりに出会うフィヨルドの景観は日本にはない風景で、感激するでしょう。

10　私の旅

仕事での旅は別にして、私の旅は子供のころからの夢を実現させる旅に終始しています。

小学校（当時は国民学校）2年で終戦を迎えましたが、3、4年生の時はまともな教科書もない時代でした。そんな時代背景で、脳裏に残っているのは「世界の七不思議」という本を読んだことです。入手経路も覚えていませんが、親に頼んで買ってもらった本だと思います。

その本で世界にはいろいろ面白い物や場所があるのだと知り、大きくなったらそこへ行ってみたいと、「旅への憧れ」が芽生えてきたようです。その場所は次の所です。

1. エジプト　　ピラミッドとスフィンクス
2. イギリス　　大英博物館のロゼッタストーン

3．フランス　ルーブル美術館のミロのビーナスやモナ・リザ
4．スイス　マッターホルン
5．イタリア　ポンペイ、トレビの泉
6．アメリカ　ニューヨークのエンパイアステートビル、ヨセミテとイエロストーン国立公園、ナイアガラの滝
7．中国　万里の長城
8．インド　タジマハール

これらの場所を訪れてみたいという気持ちは中学生、高校生になっても変わりませんでした。高校では社会科の一つで人文地理を履修したので、世界への目は広くなりました。そのころの知識が大人になって旅行をするときにも、また現在でも大いに役立っていますが、小学生時代の夢が常に先行していたようです。

スキーをするようになってからは、一度でいいからスイスでスキーをしたいという夢が加わりました。

この夢を持ってから20年近くが過ぎ、初めてヨーロッパに行くチャンスがありました。私はイタリア、スイス、フランス、イギリスの順に、それぞれの国に1、2泊ずつして、子供時代からの夢を実現させました。その後、エジプトやアメリカ、インドを訪れる機会があり、夢を持ってから30年ほどかけてようやく目的を達することができました。万里の長城を訪れたのは、中国との国交が

開かれてからですから40年以上が経過していたと思います。しかしとにかく希望を持ち続け、目的を達することができたのです。

ただし、ニューヨークのエンパイアステートビルだけは、現在も行っておりません。世界一高いビルに昇ってみたいと、エンパイアステートビルに行くことを願ったのですが、私が初めてニューヨークを訪れたときには、世界最高のビルはシカゴのシアーズタワーになっていたので、興味を失いました。その後エンパイアステートビルの脇は何回も通りましたが、高いところまで昇ることはしていません。

世界一高い建物は、各国が競争するかのように、より高い建物が次々に建てられていきましたので、そのような場所を訪れる興味は完全になくなりました。私は国内では東京タワーもスカイツリーにも昇ったことがありません。パリのエッフェル塔も凱旋門の上も同じです。

よく日本を訪れる中国の友人は、来日すると必ずと言ってよいほど東京タワーに行きます。私よりはるかに東京タワーのことを知っています。

高い塔はどこの国でも観光スポットになり、混雑しています。長時間並んでまで見る価値はないと考えて、昇らないことにしています。ただし、訪れた都市の最も高い建物の最上階あたりにレストランがあったら、一度はそのレストランで食事をするようにしています。最も高い場所ではないかもしれませんが、その街の風景を楽しみながらの食事ができます。そのレストランが回転式レストランでしたら、まさに「ラッキー」です。

アメリカ同時多発テロ事件で崩壊したニューヨークの世界貿易センタービルの最上階のレストランで食事をしたことがありました。崩壊後整備されたグランド0には行っていませんが、懐かしい思い出の残るレストランでした。

外国への知識が増えてくると、新しく興味が湧き、訪れたい場所が増えていきます。

1．イスラエルのエルサレムと死海
2．インドのアジャンターの石窟
3．南アメリカのマチュピチュ、ナスカの地上絵、ウユニ塩湖、イグアス滝
4．エベレストをはじめとするヒマラヤ山脈
5．ノアの箱舟の着いたアララト山
6．ニュートンの生家や墓、リンゴの木
7．ガリレオの生家や墓、ピサの斜塔
8．マダガスカル島
9．グリーンランド

などへいつかは行ってみたいと夢を持ち続け、機会を見つけては夢を実現させてきました。一つの目的を達成する途中で、新たな夢を持つこともしばしばです。ただ現在の社会情勢から、イスラエルや中東に行くのだけはためらっています。やはり旅は世界が平和であって初めて楽しめるのです。

2020年にはイスラエルとアラブ首長国連邦（UAE）とバーレーンの間で国交樹立の機運が出

写真5　アルメニアから現在はトルコ領でノアの箱舟漂着の伝説が残るアララト山を望む。右（北側）が大アララト山（5137m）、左が小アララト山（3896m）

てきましたが、２０２１年にはアフガニスタンにタリバン政権が復活し、また暗雲が漂い始めました。中東が平和になれば私のイスラエルに行きたいという夢も実現に近づくでしょう。

21世紀に入ってからでしょうか、ウユニ塩湖（塩原）の観光が脚光を浴びました。日本人にとって塩湖は珍しい存在ですが、地球上にはごく普通に存在していることを知ったのは、外国旅行ができるようになってからです。塩湖には死海のように湖水の塩分濃度が高い湖と、ウユニ塩湖のように水はほとんどなく、湖全体が塩の層になっている塩湖、あるいは湖面が塩でおおわれている湖などがあります。塩でできたホテルとはどんなものか興味がありましたが、結局塩の塊が石材の役割を果たしているのです（第6章20参照）。旅が新しい知見を与えてくれる良い例です。

アララト山は火山で現在ではトルコ領ですが、以前はアルメニア領でした。アルメニアの国民にとっては

写真６　アゼルバイジャン・バクー市内に復元されたゾロアスター教の神殿（上）と祭壇で燃える火（下）

現在でもアララト山は聖地です。その山麓で発見された「ノアの箱舟」の破片は首都エレバンの教会の「宝物」として、キリストを突き殺したという槍とともに展示されています（写真46、第6章13参照）。

アルメニアの隣国アゼルバイジャンの首都バクー（写真28）は、石油の産地と60年以上前に習いましたが、現在でもその状況は変わりません（第6章3参照）。その地には火を崇拝するゾロアスター教（写真6）があります。地中からガスが噴き出しあちこちで火が噴きだしているのです。そんな風景を見ると、拝火教が形成されたのも不思議ではないと納得できました。

地球上のあらゆる自然や文明に興味を持てば持つほど、新しい希望、欲求が生じ、夢が膨らみます。その夢を少しずつでも実現させていくことが、人生を豊かにしてくれます。私はそのような夢を持ち続けたいと願っています。「あしたの旅」は夢の実現の旅でもあります。

第2章 個人旅行

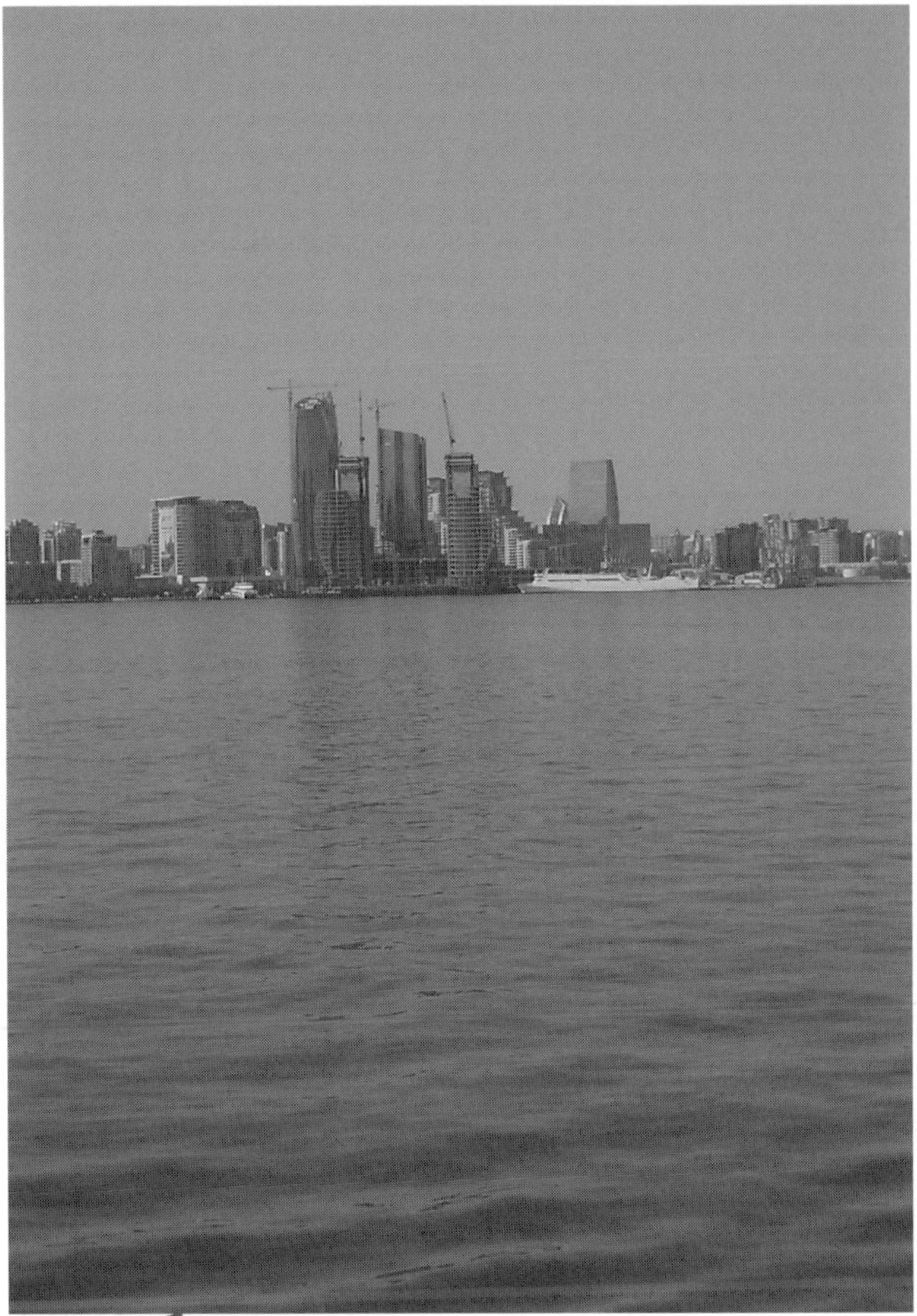

世界旅行の参考書

1　個人旅行の推奨

自由な旅は個人旅行に限ります。目的があってもなくても、自分自身にあった旅を作っていくことができます。1カ月、半年、1年と長期間の外国旅行を楽しむなら一人旅に限ります。放浪の旅も同じでしょう。目的地に着いて観光をしている間に、努力次第で、次々に新しい情報が得られます。興味を持った場所があれば、自分の意思だけで長期滞在もできれば、目的地の変更もできます。次々に新しい知見が得られる、旅の醍醐味と言えるでしょう。気の合う友人同士、あるいは親子での旅行も、同じ自由さがあるかもしれません。

しかし、個人の旅、特に一人旅にはリスクも多いことを覚悟する必要があります。

一人旅で困るのは荷物です。海外旅行ではどうしてもスーツケースやザックなど大きな荷物になることは避けられません。トイレに行くときでも注意が必要ですから、そのようなときにどうするかをよく考えて、バッグの用意を始めるべきです。

目的地の空港や駅に着いたとき、まずすることはホテルの予約でしょう。現在はメールなどで事前に簡単に予約ができるようになっていますが、知らない土地でどうやって予約をするのか、から考えなければならない場合もあるでしょう。

観光案内所（インフォメーション）は空港や駅にもありますから、まず立ち寄ってその町の情報を得ることです。ホテルも紹介してくれるでしょうし、あるいはホテル直通の予約電話が並んでいる場所を教えてくれるでしょう。

行く先が決まったら、そこまでの交通手段です。一人旅ではタクシーを使うと割高になります。私は事前に空港や駅との間でシャトルバスを運航しているホテルを予約するように心がけていました。そのようなホテルは少なくとも中クラス以上のホテルになり、割高感はあるかもしれませんが、荷物を持って路線バスに乗る煩わしさやタクシー代などを考えると、決して高くはつかないことが多いです。

数カ所のホテルを回るシャトルバスが運行されている場合もあります。これも観光案内所で教えてくれるでしょう。そのようなバスのあることを聞いたときには、値段や支払い方法も確かめ、できるだけチケットも買っておくことです。路上で荷物を脇に置き財布を取り出して、お金を払う行為は絶対に避けなければいけません。

スーツケースを引っ張って歩いていると、突然「誰か」が手を貸してくれることがあります。「誰か」は子供の時もあります。親切だ、などと思ってはダメです。人の集まるところでは、親切心でそのようなことをしてくれる人に出会ったことはありません。仮に相手に不快な思いをさせる場合もあるかもしれませんが、それはチップ目当ての行為と考えるべきです。チップ目当てという よりは、その荷物をタクシー（ほとんどは日本でいう白タク）まで運び、気が付いたら違法タクシーに乗ることになってしまいます。その人は客引きなのです。そんな時はなるべく大声で、はっきりと「ノー」と言い、後は何を言われても相手にしないことです。

一人旅の時は、常に周囲の人との間に距離をとることが、トラブルに巻き込まれない最良の方法です。近寄ってくるのは、一人とは限りません。複数で近寄ってきて、一人が話しかけ、ほかの人がスリをしたり、荷物を持ち去ったりと、日本では考えられないような手口で狙ってくるのです。

一人旅は気軽で楽しいことは事実です。しかしそれと同等のリスクもあることを十分に理解して、備えを考えておくことです。人混みにも動じない心構えが必要です。

2　パスポートの取得とビザの取得

パスポートは国際的な身分証明証です。日本人であることを証明するとともに、日本政府が各国に、「このパスポートの所有者は日本人であるから、何かの場合は保護をよろしく」と依頼している証拠です。

パスポートの取得は自分自身でしなければなりません。居住する地域の役所で聞けば、取得方法は教えてくれます。人任せでなく、自分のパスポートですから自分自身が出向いて取得をすることによって、パスポートへの理解が深まるでしょう。

パスポートを取得したら、顔写真のあるページのコピーを2、3枚撮り、自宅へ1枚置くとともに、財布や日記帳にはさみ、旅行中は常に携帯することを勧めます。パスポートが紛失した時への備えです。

1990年ごろまでの日本のパスポートには「北朝鮮以外の国への訪問が可能」と明記してありました。そのころは北朝鮮に行きたければ、まず日本政府にその許可を求めねばなりませんでした。しかし現在はどの国に行ってもよいと記されています。

ビザ（査証）は訪問先の国が、「あなたは入国してもよい」と許可をしてくれた証拠です。ヨーロッパ連合が発足してから、ヨーロッパ各国の出入国は簡素化され、ビザが不要になってきました。ヨーロッパの国々ばかりではなく、日本の場合は多くの国々とビザなし渡航を認め合っていますので、ビザの取得が必要のない国が増えています。

旅を計画した時、訪れたい国のビザが必要かどうかは、事前に調べておくのがよいでしょう。航空券を購入した場合、その目的地の国でビザが必要な場合には、航空会社や旅行会社が教えてくれますから、その指示に従うことを勧めます。ビザを発給してくれるのは各国の大使館や領事館です。大使館は東京に集中し、領事館はあっても大都市だけですから、多少は費用がかかっても旅行会社にビザの取得を頼むのが良策です。

旅行中にビザを取得していない国へ行きたくなったらどうするのがよいでしょうか。その国のビザが必要なら、旅行中に訪れたどこかの国で、訪れたい国の大使館や領事館に行ってビザを申請することになります。即日出してくれる国もあれば2、3日かかる国もあります。ビザが無くても訪れたときに、空港でビザを出してくれる国もあります。ただしその時に支払う費用は、日本国内で取得するよりも高いようです。慣れない人はなるべく日本出国前に訪問国のビザ問題（必要の有無を含めて）は解決しておいた方が、余計な心配をしなくて済みます。

旅慣れた人は、ビザの問題を含め、簡単に「大丈夫ですよ」と言う人がいます。外国に駐在する日本企業の人たちから情報を得ることもあります。彼らも「そんなに心配はいらない」と教えてくれることが多いです。それはその人や駐在員の人にとっては大丈夫であっても、よく知らない人にとっては大変なことが多いのです。旅先で苦労しないためには、旅慣れているを自認する人の意見に惑わされることなく、日本でできる準備はなるべくしておくべきです。

現在アメリカへの入国はＥＳＴＡ（電子渡航認証システム）が必要です。これは慣れた人なら自分でインターネットから簡単に取得できます。その時、必要なのはパスポート番号とクレジットカードの番号です。そのほか個人的ないくつかの質問も出ます。自分で取得できない場合は旅行代理店が有料で引き受けてくれます。

１９７０年代の私の経験です。公用旅券でシンガポールに滞在していたときのことです。会議に出席している外国の仲間から、「次の日曜日にジョホールバールを超えて、マレーシアをドライブしよう」との誘いがありました。ところが私のパスポートにはシンガポールだけが訪問国先になっていて、マレーシアには行けません。たまたま会議に出ていた大使館の人に相談したところ、シンガポールからの日帰りの旅行ではマレーシアのビザは不要です、日曜日の日帰りですから、大使館に来ればパスポートの目的地にマレーシアを追加しますと言ってくれました。私と友人は日本大使館に行き、パスポートの目的地にマレーシアを追加してもらい、ジョホールバールを超えてマレーシア南部のドライブを楽しむことができました。

マレーシアの入国に際しては、パスポートを提示し、日帰りの観光旅行である旨を告げ、入国でき、帰りのシンガポールへの入国はフリーパスだったと記憶しています。同行した日本の友人は、それまで地上で国境を超えた経験がなく、国境というものの実態と大切さが理解できたと喜んでいました。

3　保険の話

最近は旅行業者が国内旅行でも保険を勧めていますが、海外旅行保険はどうするのがよいでしょうか。長い旅行になると金額も高くなりますから、かけたくないという人も少なくないようです。また自分のクレジットカードには海外旅行保険が付いているので必要ないという人もいます。保険は自分のためのものですから、基本的には本人次第ですが、私は若い世代ならともかく、シニア世代になったら海外旅行保険は加入したほうがよいと考えます。まさに「保険をかけておく」ことを勧めます。

私も現役中はクレジットカードについている海外旅行保険があるから、改めて保険をかける必要はないと考えて、一度も自分では保険に加入したことはありませんでした。また事故もありませんでした。

しかし、定年退職した後の海外旅行にはほとんど保険に加入して、出かけています。私のクレジットカードの保険がカバーする範囲に「遺体の搬送費」が含まれていないからです。事故は老若男女を問わず、同じように起こりますが、加齢とともに身体の突然の変調で、客死する可能性は増えてきます。最悪の場合、家族が現地に行かなくても、遺体を日本に送り返してもらえるだけの費用は、準備すべきだと考えるからです。

現役中の海外旅行は40回から50回ぐらいではないかと思いますが、一度も事故にも病気にもあわず、医者の世話にも、警察の世話にもなったことはありませんでした。

例えばインドには数回行き合計3カ月以上滞在しました。その間一度も下痢をしたことがなく、ドロボーにもあわず、乞食に1ルピーもあげていないし、恐ろしい思いや、困ったことに遭遇しなかったと自慢していました。チリを訪れた人の多くが水が合わず下痢をすると聞いていましたが、やはり10回ぐらいの訪問で一度も下痢をしたことはありません。

定年後の海外旅行の頻度は現役中よりもやや多いとは思いますが、スリに1回、置き引きに1回、医者に額を縫合してもらう怪我に一度遭遇しています。自分では元気で気を付けているつもりでも、この怪我や事故の現実を見ると、やはり加齢による注意力の散漫が原因と認めざるを得ないのです。すると一般的にはクレジットカードの旅行保険よりも補償範囲が広く、充実している旅行保険に加入して、出発するのが得策と、実行しています。個人旅行の場合は医者に治療や診察を受けたり、警察に盗難届を出した場合には必ず領収書や書類提出の証拠書類をもらっておくことを忘れないでください。ツアーの場合は添乗員が必要な書類は心得ていて配慮してくれます。保険金の請求が必要になった場合のことを考えると、ツアーを実施している旅行会社が推奨している保険に入っておくことが、いざという時に添乗員もスムースに必要な手続きがとれるのでベストだと思います。

その具体例を記しておきます。中国の地方旅行の旅でした。1週間の旅行の最終日、無事に旅行は終わりに近づき、最後の夕食を全員でとっていたときのことです。食事も終わり御開き寸前で、突然私の右隣に居た一人で参加されていた女性が、椅子ごと倒れました。その方とは最初の頃に言葉を交わし、81歳であると自己紹介をされていたので、グループの中でも年齢の高い部類に入ることは、私と同じと心得ていました。私はすぐその方の脈をとりました。パルスは力強く60幾つ程度と正常なので、素人判断ですが、倒れた原因が心臓ではないのでマッサージの必要はないとそれ以上の知識はありませんので、その場を離れました。旅の中で仲良くなっていた女性たちが、いろいろ呼びかけていましたが全く反応はありません。20分ぐらいたったころ医師が看護師を連れて救急車で到着しました。

結局、添乗員とグループの中の中国語の堪能な女性が付き添い入院しました。次の朝、私たちは添乗員ともども予定どおり帰国いたしました。帰国時点でも入院中のその女性は意識が回復していないとのことでした。

女性の倒れた後の添乗員の行動は適確でした。現地ガイドを通じで救急車の手配、東京の本社へ電話し、家族への連絡を依頼、保険会社への連絡を、10分程度の間に行っていました。そこで私が感じたのは倒れた方が、旅行会社の紹介した保険に入っていたことが有効に作用したことです。保険会社を熟知していましたから、添乗員は電話番号を探す必要もなくすぐ保険会社に連絡でき、必要な処置がとれたのです。

そして、入院した後は現地の旅行会社の日本語のできる女性が、病院に行き、次の日（私たちが帰国する日）には保険会社の日本語のできる女性スタッフが付き添う手はずが整っていました。添乗員が参加者の入っている旅行保険会社の事情をよく知っていたので、すべてをスムースに運べたのだと解釈しています。したがって私はこれまでもそうでしたが、これからもツアー参加の場合は、ツアー会社が紹介する旅行保険に入るのが、万が一の場合、自分にベストの対応がなされると考えています。

4　空港での保安検査所対策

9・11のニューヨークでの事件以来、世界中の空港での手荷物検査が、より一層厳しくなりました。特にアメリカの空港は厳しいですから機内持ち込みの手荷物は荷造りの段階から、注意事項を頭に入れて対応すべきです。女性の場合は手荷物の数が複数になる傾向が強いですから、事前に自宅で十分なシミュレーションをされることを勧めます。

口紅や化粧品などの液体類、目薬、歯磨き用のペースト、ジェル、エアゾールなどは100㎖以下の物をまとめてビニール袋に入れておく、カメラおよび電池類もひとまとめにする、コンピュータ関係もひとまとめにするなど、あらかじめ仕分けをしておいて、荷物から出してトレーに並べて、検査機を通すと、スムースに通れます。

機内で必要な医薬品なども、別にしておいて検査員に見せれば問題はないでしょう。これらを手荷物の中に入れたまま通すと、検査機通過後、あれこれ開けさせられているうちに、調べられている本人がパニックになってきてしまうのです。

ボディチェックも同じです。コインや鍵類、時計などすべてを上着に入れて置き、それを脱いで検査機を通しますので、ほとんど問題になったことはありません。国によってはバンドや靴も脱がされますが、これは仕方がない事です。

現代の日本で海外旅行に行こうとする人は、国内でも飛行機の旅を経験している人だと思います。ですから、保安検査の要領は分かっているのだから、事前に準備をしておけばよいのにと思いますが、なかなか思うようにはいきません。観光旅行などでは時間的に余裕をもって空港に行きますが、時間の余裕のない時、検査所で前の人がもたもたしていると、イライラさせられます。

実際、私が置き引きと思われる事故にあったのも、乗り継ぎの空港でした。私はカメラ、眼鏡、歯ブラシなど、機内で必要なものを小さな手提げ袋に入れておきます。飛行機を降りるときは、その中の物はすべて手荷物に戻すのですが、その時は、すぐまた乗るのだからと、手荷物用のザックとその手提げ袋をもって検査所に行きました。手提げ、ザック、洋服を3つトレーにそれぞれ入れて検査機に通したのですが、最初の手提げのトレーのあと、前の人の荷物の再検査とかで、私の荷物の通過が待たされました。ようやく自分の検査が終わり、手荷物を見ると私のザックと洋服はあるのですが、手提げ袋が見当たりません。すぐ係の人に聞いても「アイ　ドン　ノー」と両手を広げるだけで、話になりません。私も次の便があり、値が張る物はサングラス程度でしたので、あきらめました。

ただ、この時はツアーだったので、私が遅れていることに気が付いた添乗員が戻ってきてくれて、事情を把握してくれたので、帰国後保険で補償されました。

飛行場の検査所では混乱することのないように、心と荷物の準備をしてください。

5　個人旅行で困ること

一人旅行で困ることは一人だから、個人旅行でも一人でも二人でも自分たちですべてをやらなければならないことです。当たり前のことですが、自分ですべてをやらなければならず、大変でリスクもあります。

私は一人で旅行をしているときは、常に緊張の連続です。目的達成のスケジュールに従っての行動ですが、目的地への乗り物は間違えていないか、いつごろ着くのかなど、例えば電車に乗っていても、気が休まりません。日本のように、停車駅が車内ではっきりと表示されていたり、放送される路線は少ないですし、放送されても聞き取れないことが多いですから、降りる駅には常に注意しなければなりません。

単純な路線は別として、私は日本でも外国でもバスにはなるべく乗らないことにしています。複雑な路線のことが多く、運転手にこちらの行き先を明確に告げて、注意していても不安になってしまうからです。ストレスを溜めないためにはタクシーを使うことも多くなり、費用がかさみます。

一人旅行の欠点は、やはり一人だと費用が割高になることでしょう。

すでに危険回避で述べたように、街中を歩くときは常に他人との間隔を保つことを心がけます。

ですから一人旅行は緊張の連続なのです。リラクッスできるのはホテルの部屋にいる時だけです。

それを承知での一人旅です。

6　個人旅行的なパッケージツアー

個人旅行なので自分で空港からホテルまでの交通機関を探したり、ホテルを探したり、観光地に行ったりするのは面倒だが、団体旅行にも入りたくないという人も少なくないでしょう。そのような人には、旅行会社が販売しているパッケージツアーを勧めます。

パッケージツアーは旅行会社が、旅の日程に沿って訪れる観光地を決めています。一つの国の中を観光するようなコースが数多く設定されています。日本から同行してくれる添乗員やガイドはいませんが、訪問先ではすべて日本語が通じるガイドが、空港で出迎え、ホテルへの案内や観光地のガイドをしてくれ、出国まで面倒を見てくれますから心配はいりません。

航空機のチケットやホテルも、与えられたリストから選べますので、希望に近い条件の旅行が企画できます。大手旅行会社が売り出している商品ですが、特定の国だけのパッケージツアーを販売している中・小の旅行会社もあります。

私にとってニュージーランドは旅慣れた国で個人旅行ばかりしていましたが、その時は友人と一緒だったので、ニュージーランド航空関連会社のパッケージツアーを申し込みました。２０１１年のクライストチャーチ地震より前の話です。そのツアーは企画で宿泊地になっているところでは、旅行の全日程が30日以内に収まれば何泊してもよいのですが、基本は機中泊を含めて7泊8日の旅程です。私たちは合計5カ所の宿泊地でゆっくりと目的を達せられる旅程にしました。

そこで日本からの最初の到着地の南島のクライストチャーチに4泊、次の宿泊地のハーミテイジに3泊、クイーンズタウンに3泊しました。本当はミルフォードサウンドにも1泊したかったのですが、宿泊地にはなっておらず、クイーンズタウンからの日帰りバスツアーが組まれていました。ミルフォードサウンドのクルーズも含まれていましたが、かなり強行軍です。ただし、天気が悪くなければ、クイーンズタウンまでは小型機で帰れるという条件が付いていました。幸い天候もよく私たち希望者は一人1～2万円の追加料金を払い飛行機で戻れました。片道6時間ぐらいの道程を1時間弱の飛行で、ニュージーランドのサザンアルプスの氷河地形を楽しみながらクイーンズタウンに戻りました。

友人はニュージーランドが初めてだったので、首都のウエリントンにも寄りたかったのですが、それは企画に入っていないので実現できず、クイーンズタウンから北島のロトルワに直接飛びました。ロトルワでも3泊しマオリ文化や原生林に触れました。

オークランドまではバスで、途中のワイトモケーブでは土ボタルも見られるドライブでした。オークランドでも3泊しました。訪れた各地ではそれぞれ3連泊、4連泊しましたので、ゆっくりと観光ができ、また友人のいる町では旧交を温めることができました。オークランドでは友人の案内でかなり北の方までのドライブを楽しめました。

この旅行では私たちに専用のガイドはおらず、空港への送迎、ホテルへの送迎、バス移動ではほかの客と一緒になりましたが、専任のガイドが付き、困ることや不安になることはありませんでした。バスツアーや移動日には、指定された時間にホテルのロビーで待っていれば必ず現地ガイドが来てくれていました。

合計ホテルで16泊、機内1泊の18日間の旅でしたが、すべて3連泊か4連泊なので、身体への負担がありませんでした。朝食以外の食事は一度もついていませんでしたが、希望すれば適当なレストランも紹介してくれたようです。私たちが頼んだのはロトルワでマオリ族のディナーショーだけでした。これは送迎付きだったので頼みました。

日本からはニュージーランド航空のビジネスクラスを利用しました。当時は珍しかったフルフラットの座席でしたので、機内でも横になり、ゆっくり休め、ニュージーランド旅行はこれが最初で最後と言っていた同行の友人も満足していました。こんな旅行でしたが、かなりの割安感がありました。それはパッケージツアーで、日本からの添乗員はおらず、現地でもそれぞれの宿泊地で別々のガイドが対応していて、人件費が安くついているからだろうと、容易に想像されました。企画に入っていない場所には行きにくいという欠点はありましたが、全体にニュージーランドの自然と文化を楽しめた旅でした。

パッケージツアーは個人旅行を好む人には推奨できる旅行方法と感じました。

7　検疫の強化

新型コロナウイルス感染症が蔓延して以来、各国への出入り時の検疫は厳しくなりつつあります。それまでは熱の有無、下痢などの異常の有無を自己申告の形でした。しかしコロナ後はすべてが厳しく検査されることになりました。

これからの「あしたの旅」は空港での出入国の検疫検査にも相当の時間がかかることを覚悟した方がよさそうです。もちろん国によっては出入国の簡略化を進めてはいますが、すべてはコロナの状況次第です。機内でのマスク着用もしばしば求められています。「コロナとの共生」は人類最大の課題の時代がしばらく続くでしょう。いろいろな場面で思わぬ時間がかかることも多々起こるでしょうが、それも仕方のないことです。

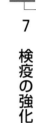

第3章 団体旅行（ツアー）

1 団体旅行の良い点、困ること

現役中は個人旅行だけで、一度も団体旅行の経験はありませんでした。しかし、世の中観光旅行ブームのようで、旅行会社の店内にはいろいろな旅行のパンフレットが並んでいることに、21世紀になってようやく気が付きました。

そして、良さそうだと思ったバリ島に行ってみました。それはパッケージツアーでしたが、ツアーもなかなか良いと感じました。とにかくすべてが用意されているので、自分で考える必要がない事です。非常に楽に旅行できるというのがその第一印象でした。

逆に、決められたコースや観光地以外はなかなか行けない、つまり自由度が低いという欠点もあることに気が付きましたが用意されている旅の種類の多いことは大きな魅力でした。

一つの国や地域を訪れる、ニューヨーク、パリ、ロンドンなどの大都会を訪れる、一度に数カ国を回り各国のエッセンスを得る駆け足型の旅、世界文化遺産や自然遺産に目的を絞った旅、秘境への旅など、とにかくありとあらゆる旅が、大小の旅行会社から出ていることを知りました。しかもそれらの旅は、それぞれ訪れる地域の季節も考慮されています。花の時期、黄葉の時期、雨季、乾季など、それこそ森羅万象に配慮して企画されています。

旅慣れた人には魅力的な旅が数多く売り出されていますが、初めての人にとっては戸惑うでしょう。初心者にとって重要なことは、パンフレットに記されている内容を理解する力をつけることです。ほぼ同じ目的地への旅で、同じ会社から複数の旅が出ていることもあります。興味のある場所や目的地が見つかったら、同じような目的のパンフレットがある複数の旅行会社を訪れ、説明を受けることを勧めます。

何回か説明を聞くうちにパンフレットの内容が理解できるようになってきます。

出発から帰国まで添乗員が同行してくれるツアーの参加者は、基本的には王様ですからそれ相応の対応はしてくれるでしょう。ただ、このようなツアーの良し悪しは３つの条件があります。それは、1．目的地が希望を満たしていること、2．親切で知識のある添乗員であること、3．同行者に恵まれることです。

目的地が希望どおりかどうかは、出発前の本人の努力で判断ができるでしょう。なかなかすべて満足というツアーがないかもしれませんが、少なくても「この程度ならいいや」というツアーは探したいものです。

添乗員と同行者は、完全にその時の運次第です。最近は大手旅行社の中には、何人かの添乗員をスター扱いにして、「知識と経験のある○○が添乗する旅」などと宣伝していますが、基本的には参加者が添乗員を選ぶことはできませんし、ましてや数の多い、同行者を選ぶのは不可能です。ですからツアーに参加した場合は自分自身が他の人に迷惑をかけないことが最低の条件です。旅をしている間集合時間を守らない人がいたら、不愉快どころか、困ることもあるのです。どんなに迷惑をかける同行者がいても、その旅からの離脱は困難です。まあ我慢して、忍耐力を鍛える旅だとでも考えて無事に旅を終えようとする覚悟が必要です。ツアーを選ぶとき、探すときは3条件を意識して検討してください。

2　ツアーの選び方

旅の目的や行きたい国や地域が決まったら、ツアー探しを始めます。大手旅行会社からは多種多様な企画の商品が販売されています。中・小旅行会社からは、それぞれ得意分野の商品が発売されています。旅行会社の中には秘境や山岳地帯など、冒険的な旅の企画を得意とする会社もあります。目的によってはそのような会社の方が、大手の商品よりも適していることが多いようです。地方の企業からも南極や北極など、かなり特徴のある企画が出されています。

まず資料を集めてから、比較を始めます。旅行日数は適当か、行きたいところに行ける日程になっているか、そこはどの程度ゆっくり見られるのか、毎日の移動時間は適当かなど旅の概要が第一段階のチェックポイントです。移動がバスの場合、一日に6時間も7時間もバスに乗る時間が続くと疲労しますから、シニア層は特に注意が必要です。一日に何カ所も名所旧跡を訪れるような企

写真7　クロアチア・プリトヴィツェ湖畔国立公園

画は、確かにその場所を訪れるのですがゆっくり観光する時間もなく、「ただ行った」という記録、写真1、2枚が撮れているので記録には残っても、記憶にはほとんど残らない旅になりかねません。

私が、クロアチアのプリトヴィツェ湖畔国立公園を訪れたときのことです。この国立公園は広大な森林の中に十数個の湖が並び、それぞれの湖が数十の滝で結ばれています。その地域の中央に集落があり、湖水巡りの観光拠点になっており、宿泊施設やレストランも並んでいます。私たちはそこに2泊しました。そして湖水群を1日かけて8の字型に回りました。朝晩湖畔の散策も楽しめましたので、その自然をゆったりと堪能できました。

私たちが湖畔を半周して、ホテルに戻り食事をしていると、そこへ日本の大手旅行会社の一団がやってきました。彼らは1時間ぐらい前に到着し、湖畔を散策し近くの大きな滝を見て、食事をして直ぐ次の目的地へと出発していきました。私たちが2泊した観光スポットに彼らの滞在は2～3時間でした。それでも旅行パンフレットには「湖畔国立公園への訪問」が一つの目玉として明記されていました。私たちのパンフレットでも同じような記述ですが、内容には雲泥の差があります。比較の時には十分に注意が必要な例です。

大都市への訪問の時などによくある例ですが、滞在中の観光は自由で、観光名所訪問のスケジュールはほとんどOT（オプショナルツアー）という事もあります。それは必ずしも悪い例ではなく、その街で自分の好きなように観光できる利点もあります。ただし見かけ上の料金は安いですが、あまりOTが続くと予想外の出費を伴いますから、費用の面からも注意が必要です。

宿泊するホテルがどの程度のレベルかを見分けるのも大切です。一般にホテルのランクは5つ星が最高で、日本の旅行会社が観光旅行に使うのは各社とも3つ星以上のようです。しかし、その内容は会社ごとに微妙に違います。パンフレットには「当社基準のラグジュアリークラス」などと記されています。困った場合に見分ける一つの方法が、同じホテルが各旅行会社でどのように扱われているかをチェックすることです。A社では4つ星としていたホテルがB社では3つ星扱いなどという事が分かってきます。

どの航空会社が使われているかのチェックも必要です。特にヨーロッパ便の場合に多いのですが、目的地に直行する便があるのに、値段の関係で、乗り継がねばならないことがあります。例えばドイツのフランクフルトが目的地に近い空港とします。日本からはフランクフルトまで直行便が飛んでいます。しかし、その直行便を利用せず、日本からフィンランドのヘルシンキを経由して、フランクフルトに飛ぶ、あるいはオーストリアのウイーン、オランダのアムステルダムなどを経由してフランクフルトに飛ぶというような計画です。このような場合、日本を出発して十数時間のフライトでようやく到着したと思っても、そこで空港内を移動し、ＥＵ内なら入国審査を受け、さらに手荷物検査も受け乗継便で再び１～２時間の飛行をしなければなりません。そのような企画ですから、仕方がないのですが、実際に飛行してみると予想とは違ったという事になりかねません。覚悟をしておく観点からもパンフレットに「乗り継ぎ地を経由して」などの文字の有無を確かめてください。

同じ目的で、一度韓国の空港で乗り継ぎをして、ヨーロッパの目的地に直行するという例もあります。同じ乗り継ぎでも、日本を出発して１～２時間後に韓国の空港で、時間調整をしながら何時間か待ってヨーロッパに飛ぶのでは、何となく旅の始まりがすっきりしないという気持ちになりそうなので、私は利用を控えています。

ヨーロッパはまだしも韓国経由でアメリカやハワイに行くツアーもあります。東へ行くのにまず西へでは、やはり旅の趣がそがれます。韓国経由の場合は価格が安く、航空機はビジネスクラスやファーストクラスもあります。価格本位に考えれば利用する人がいるから、このようなツアーも販売されているのでしょう。

１９８４年だったと思います。当時はヨーロッパの各都市へはソ連（当時）領内のシベリア上空は飛べないので、アラスカのアンカレッジ経由で航空路が設定されていました。アンカレッジからソウルに向かっていた大韓航空機が、ソ連の空軍機によって北海道西側の上空で撃墜され、日本人を含む乗客乗員全員が死亡する事件が起こりました。ソ連が報じた原因は領空侵犯でした。このような不幸な事件はその後もまれに起きています。航空会社の選定にも価格ばかりではなく、それなりの注意が必要です。

ツアーによっては必ずどこかで1、2回は免税店に案内されます。買い物に興味のある人にはよいかもしれませんが、同じようなものは空港でも売っているのですから、私は好みません。むしろ最近は地元のスーパーマーケットや市場に連れて行くツアーもあります。これはその土地の生活の匂いを実感できて、買い物をしなくても、旅の楽しさを味わうことができるので、私にとっては好ましいです。

3　価格を考える

ツアーの選択に価格が最も安い商品を選ぶという基準があってもよいと思います。若い人たちなら、将来を考えて少しでも安い旅行を探すのは当然かもしれません。しかしシニア層になると、同じところに何回も行ける割合は低くなりますから「安かろう悪かろう」の旅をして、良い思い出が残らないというより、割高でも質の高い旅をすることを勧めます。

質の高い旅の第1は飛行機の座席だと思います。現在はほとんどがビジネスクラス、プレミアムエコノミークラス、エコノミークラスですが、ファーストクラスが付いている機体もあります。

高名な学者が海外出張の飛行機は、安全確実に運んでくれるなら、エコノミークラスの座席で十分と書いていました。偉いなと思いましたが、私にはとても真似ができませんでした。ヨーロッパでの会議の場合、大体現地に朝到着し、昼過ぎから会議というスケジュールになります。予算の関係で一日前の到着はほとんど許されませんでした。エコノミークラスで行った場合、寝不足の上に、英語ばかりを聞いているとついついウトウトしてしまい、一日目は仕事にならないことが多かったです。

20世紀の終わりごろ聞いた話なので、現在はどうなのか知りませんが、国連では職員の出張旅行では、飛行時間が8時間以上ならビジネスクラスを認め、8時間以内ならエコノミークラスと決まっているそうです。8時間は1日の勤務時間ですから、そのくらいはエコノミークラスで我慢しなさいという事のようです。

この話を聞き、それまでは身体が楽なので、私費を追加してもビジネスクラスで行っていた海外出張も、8時間以内の飛行時間の時はエコノミークラスにすることにしました。ただハワイの場合は飛行時間が8時間前後ですが、夜間飛行になるのでいつもビジネスクラスにしていました。

したがって、ビジネスクラスで設定されたツアーを選ぶのが、金額的にも割安になりますが、エコノミークラスで設定されたツアーでも、ビジネスクラスに乗ることを勧めたいです。現在のビジネスクラスの座席のほとんどは、特にヨーロッパやアメリカ行きの便の場合には180度平らになる座席ですので、十分に足を延ばして横になれます。エコノミークラス症候群の心配も無く、リラックスして過ごせます。

ビジネスクラスは高級な酒が無料、食事もおいしいと期待する人もいます。アルコールにしても食事にしても、多くて2回です。食事は各社が宣伝し、自慢するほどおいしいと思ったこともありません。ビジネスクラスは横になれるという空間を買うものと考えています。

どのようなホテルに泊まるかも旅の楽しさを左右します。部屋に湯沸かし器やドライヤーが付いているか、バスタブはあるか、シャワーだけかなど、部屋の備品や設備のチェックが必要です。安いホテルですと水回りのトラブルや照明の不十分さなど、部屋の広さとともに、くつろげるかどうかの重要なポイントです。このようなホテルの内容はパンフレットでは読み切れませんので、旅行会社の窓口で聞くことになります。

注意しなければいけないのは食事です。最近は朝食付きのホテルが多いので、ツアーでもほとんど朝食はついています。しかし、昼食、夕食はついていない場合があります。全食事つきがあれば、口に合う合わないは別にして、必ず土地の名物を含むようなメニューになっていることが多いですから、追加出費の心配はなくなります。民族ショーなどを見ながらの食事も含まれているかもチェックが必要です。

ＯＴの多いツアーも避けたほうが良いです。ＯＴは客の好みに合わせて選択できる利点はありますが、私にはすべてを削って、見かけの金額を安く見せる手法としか思えません。

このように安い価格のツアーには、安くするだけの理由があります。海外旅行の経験の少ない人ほど、あまり安いツアーには参加されないほうが良いと思います。少し高い金額でも、それに見合う収穫がある旅にするのは、その人自身の努力次第です。

金額の差には以下のような例があります。「ヨーロッパの名峰を巡る」という目的の旅で、スイスとフランス・モンブランを訪れるためにシャモニにも2泊する12泊13日間の旅でした。飛行機はビジネスクラス、ホテルは４つ星、訪れるルート、宿泊地もそこでの宿泊数も全く同じ、乗車する登山鉄道や登山電車、ロープウエイなども全く同じような内容でしたが、違いはその価格でした。

Ａ案　１３０万円、Ｂ案　１１０万円、Ｃ案　90万円

Ａ案は大手旅行会社の窓口販売価格、Ｂ案は大手旅行社の通信販売価格、Ｃ案は中企業の旅行会社でした。大きな組織ではそれだけ経費が掛かるのでしょう。同じような旅行で料金が30～40％安くなるのです。私は家内と二人Ｃ案を選び、内容的にも、添乗員の対応も満足して帰国しました。

4　添乗員の良し悪し

添乗員は旅行の期間中は、催行会社を代表して、客に対応してくれますし、その責任を負っています。相手はお客様ですから、満足が得られるように努力しなければならず、またしてくれます。多くの場合、ほとんどの客は添乗員には感謝をして旅が終わります。

一般に添乗員は自社社員と派遣社員に大別されます。派遣社員とはいっても大手旅行会社はそれぞれの子会社を持ち、派遣する添乗員を確保していますが、子会社でない会社からの派遣もあるようです。

海外旅行の添乗員の最低の条件が、まず英語が話せることです。空港でも、ホテルでも、バスに乗車中でも、相手国の現地ガイドやドライバーとも、コミュニケーションが必要です。旅行中に事故が起これば、その対応も添乗員の仕事であり、客が怪我や病気の場合には病院にも付き添わねばなりません。となると医学的な専門用語の知識も要求されます。

訪れる国や地域の情報、総人口、政治や経済、歴史的な背景、地理や地形など地政学的な背景、などの知識も要求されます。客への対応も重要です。集合時間はもちろん、いろいろな注意を何回繰り返しても、必ず聞いていない人がいます。そのような客を見極め、2度、3度と同じ情報を流すような気遣いや、一種の客扱いの技量も必要です。

客に対してどの添乗員も「親切、丁寧」をモットーにしています。そのサービスを受け取る側は客ですから、また千差万別、いろいろな人がいるわけです。ですから添乗員としては同じように努力はしていても、おのずと差が生じてきます。

前にも触れましたが、多分参加した客のアンケートなどの評判からか、旅行会社によっては人気のある添乗員をスター的に育成し、パンフレットなどで「私がご案内します」と宣伝しています。そのように宣伝されても、慣れない客にとっては、その添乗員の技量も専門的な知識も分かりませんから、評価の仕様がありません。私はそのような宣伝には飛びつかないことにしています。

大手旅行会社の国内旅行の窓口でのこと、よもやま話の中で海外旅行の添乗員の話となりました。私がある旅行でひどい添乗員をみた話をしたところ、その窓口の女性係員がすぐ同調してきました。母親を連れて自社のツアーでフランスに行ったとき、添乗員のあまりのひどさに驚いたそうです。本人は客であると同時に自分の会社のツアーなので、同行の他の客に対し申し訳ない気持ちが続き、旅の楽しみも半減したと語っていました。帰国後は社員とは名乗らず本社に、そのひどさを訴えたそうです。

お互い人間同士ですから、相性もあるでしょう。しかし根本はそれぞれの添乗員の持つ人間性で決まります。当然採用する側はそのことを知っていますから、人間性が良く、親切心があり他人への気配りのできる人を採用しているはずです。ですから私は個人的にはどの旅行でも添乗員には感謝こそすれ、不満を持ったことは一度もありません。

特に知識が豊富で親切な添乗員だったこともあり、その時の同行者の何人かとは帰国後も連絡を取り合い、その添乗員からも情報を仕入れ、互いに質の高い旅行をすべく、グループを作っています。私たちは現在でもその添乗員の名前をとり○○グループと呼んでいます。お互いの目的や都合が合えば、示し合わせて同じツアーに申し込むこともあります。こんな添乗員に巡り合えたのは幸運だったのかもしれません。

この添乗員のいる会社の旅に参加した時、同行者の一人が「この会社のツアーに参加していると馬鹿になる」と言っていました。文句ではなく会社をほめているのです。私も全く同じ意見を持っていました。参加者に高齢者が多いこともあり、出入国の関係書類はすべて用意され、自分はサインをするだけです。出発地の空港でスーツケースを預けたら、最初の泊まるホテルのロビーまで、スーツケースに手を触れなくて済むのです。ターンテーブルからスーツケースを取り上げ、バス乗り場まで運ぶのは添乗員と現地ポーターです。ホテルでもロビーで自分の荷物を確認すれば、後は部屋に運んでくれ、朝も決められた時間までに部屋の外に出しておけばロビーまで降ろしバスに乗せておいてくれます。そのチェックはすべて添乗員がやっています。参加者は全く考えることなく、添乗員の指示に従って行動していればよく、スーツケースを運ぶ煩雑さからも解放されます。

5　ありがたかった添乗員

私には心から感謝している添乗員がいます。その人とは旅の終了後、一度だけ電話をいただいただけで会うことなく、まさに「一期一会」でした。

旅は「ガラパゴス諸島とギアナ高地・エンジェルフォール」の旅でした。理想としては両方をゆっくり回るには、少なくとも各滞在を1週間ずつとして、往復で17、18日間の旅を探していましたが、なかなかありませんでした。たまたまこの旅を見つけ、ベストではないにしても、最低限の目的は達せられるし、自分の体調を考え「今だ」と参加を決めました。参加者は10名、80歳は私だけ、70歳も女性一人、あとは60歳代の人たちでした。旅の結果はほぼ予想どおりで、ガラパゴス諸島がどんなところか分かりましたし、飛行機からギアナ高地を目にしたときには涙が出るほど感激しました。

天候にも恵まれ、2回の遊覧飛行と1回は地上からエンジェルフォールが見られたのは最高の幸せでした。

私の経験から世界自然遺産ガラパゴス諸島に行きたいのなら、3泊4日、あるいは4泊5日ぐらいの日程で諸島を回るクルーズに参加することを勧めます。ガラパゴス諸島まではエクアドルの首都キトからおよそ1000km、飛行機で約2時間です。飛行場に到着すると入島税100米ドル（2017年）を支払い入島の許可が得られました。飛行場はバルトラ島にありますが、この島は飛行場だけで、人間が生活しているのはすぐ隣のサンタクルス島で、各ホテルも有名なダーウィン研究所もこの島にあります。目の前のサンタクルス島へはフェリーです。重いスーツケースのフェリーへの積載は現地の人がやってくれます。

サンタクルス島内の移動はバスですが、ほかの島々への移動は船です。島から島へ片道2時間以上をかけて、かなり速度の速いボートでの移動ですが、3泊の日程ではとても全島は見られませんでした。最も期待した大きなウミイグアナのいるイサベラ島に行くこともできませんでした。諸島内の観光は天候に左右されます。船に宿泊していれば、夜の間に観光する島の近くまで移動ができ、時間の節約ができます。ですからホテルには宿泊せず、船内に宿泊し移動できるクルーズ船で観光するツアーを勧めます。

エクアドルの国名は赤道が起源ですから、キトでは赤道博物館も訪れました。

エンジェルフォールの観光は秘境の入り口ベネズエラのカナイマまで飛び、そこからカロニ川をボートでラトンシート島まで遡上します。そこには簡単な小屋があり、外国からの観光ツアーでは、この小屋でハンモックでの宿泊をして、滝が見えるライメの展望台までハイキングをするグループもいました。私たちはそこに余計な荷物は置き徒歩で展望台を目指しました。約1時間半の登りの予定でしたが、ほぼ2時間かかりました。かなり急な勾配の登り箇所もありましたが、私は太い木の根が岩に絡みついた登山道に苦しみました。道というよりも岩畳の上を歩くような感じのところが多かったです。木の根も岩もよく滑るので注意が必要でした。

とにかくエンジェルフォールの対岸の展望台に到着し、時々飛んでくる滝のしぶきや、落差１０００ｍ、落下中に水が飛散してしまい滝壺は無いという自然を十分に満喫しました。同じ道を約１時間半で下りましたが、私の事故は最後の所で起きました。

目的の小屋まで残り10分ぐらいのところで、せせらぎを渡っていたのですが、その時滑って転び額を打ったのです。額を切ると出血がひどいことは知っていましたので、気になりませんでしたが、脳に影響がないか心配でしたので５分間ほど動かずにいました。添乗員はすぐ駆け付け、私に呼びかけてくれました。私は「大丈夫なようだがしばらく待ってくれ」と言って、自分の体調の変化を伺っていましたが、異常が無いようなので起き上がりました。すでにその時は相当出血していましたので、同行者にも心配をかけました。一

写真８　ベネズエラの落差1000mのエンジェル（アンヘル）フォール。水は飛散し滝壺は形成されていない

人の方がタオルの手ぬぐいを下さいましたので、それで鉢巻をして、現地ガイドに助けられながら小屋に戻りました。

そこでは、小屋で調理された昼食をとることになっていました。同行者たちは昼食をとり始めましたが、添乗員はすぐ私の傷の手当てをしてくれました。彼女は救急用品を用意していたのです。感心したのはペットボトルの水2本を使い傷口を丁寧に洗ってくれたことです。そしてガーゼと絆創膏でしっかりと止血をしたうえで、自分の予備のズボンを包帯代わりにしっかりと頭に巻き付けてくれました。転んでから30〜40分が経過していたと思います。

私も元気を取り戻し、彼女の用意してくれた昼食をしっかりと平らげました。この地点からカナイマまでは再びボートで4時間の行程です。途中に浅瀬があるので全員が一部歩くことになっていましたが、現地ガイドがボートに特別席を用意してくれて私は歩くことなく無事カナイマに戻れました。

ホテルに着き、とにかく汚れを取ろうとシャワーで身体を洗っていると、添乗員から村の診療所に医者がいるらしいから手当てをしてもらってきてくださいと言われ、現地ガイドとともに行ってみました。

そこにはアメリカで教育を受けたらしい若い男性医師いました。傷口を見て、これは縫合しなければと言い、結局現地ガイドを助手にして、7針縫ってくれました。明日、日本に帰るが到着は4日後になるというと、着いたらなるべく早く日本の病院に行けと言って、抗生物質を2日分くれました。３日は飲んだ方が良いが、この病院には在庫が無いから心配ならこのメモを見せて街の薬局で買えとまで指示してくれました。

支払いの時になって驚きました。治療費は要らないというのです。ベネズエラは社会主義の国です。２０１８〜２０１９年には政治的な混乱も起こっていますが、税金を納めていない外国人の治療費まで無料とは驚きました。私は保険に入っていますから、支払いはしてもそれでカバーはできたのですが、受け取ってもらえませんでした。

帰国後すぐ医者に行きましたが、完ぺきな縫合と言われ、２日後には抜糸され、現在傷跡もほとんど分かりません。ベネズエラの医者や現地ガイドへの感謝とともに、適切な処置をしてくれた添乗員には今も感謝の気持ちでいっぱいです。

事故は自分の不注意で起きたのですが、案内書には「観光中水着着用」というような記述もあり、読んだときから不安があり、代理店にはいくつかの質問をしていました。その一つは山登りがあるようだがポール（杖）は要らないのかというものでした。不要との返事で持参しなかったのが、私の怪我の遠因でした。登山道はポールを使ったほうがよい道でしたのに、その情報が代理店を通じて客まで伝わらなかったのです。ポールで歩いていたら額を切るような転び方にはなりません。大きな旅行会社になると、旅を企画した人の意図が末端まで十分に伝わらない一つの例ですので、注意が必要です。

6 嬉しくない添乗員

ネパールを訪れたときのことです。ネパールヒマラヤの西部、アンナプルナ山群の展望地のポカラのホテルでの出来事でした。夕食後、多くの観光客がホテルの屋上に集まり、暮れなずむアンナプルナ山塊を眺めていました。私たちの添乗員はアンナプルナ連峰のシルエットに山の名前を記入してくれた図を一人一人に渡して、説明してくれていました。そのおかげで、アンナプルナには1～4峰までがあることを知り、はるか彼方に日本人が初めて登頂に成功したマナスルも確認できました。

私たちは添乗員を中心に夕焼けに染まってきた山々にうっとりと見とれていたら、ほかのグループの日本人が私たちの添乗員に、山の名前を聞き始めました。彼は問われるままに、親切に答えていました。すると私のそばに立っていた一人の女性が、「私たちはそんな図を用意していませんね」とポツリと言うのです。怪訝に思って私はその女性に話しかけました。そして分かったことはその女性は私たちの添乗員に山の名前を聞いていたグループの添乗員でした。

その前に彼女の会社の名前は聞いていたので、「大手旅行会社ではこのような（山のシルエットに名前を記入して配る）サービスはしないのですか」と聞くと、「しません」と平然と答えるのです。

そこにはサービス精神のかけらも見受けられませんでした。

その人とはさらに会話を続け「私はお宅の会社のペルーからウユニ塩湖への旅を申し込んでいます」と言ったところ、「その旅行は私が添乗する予定です」というのです。私は思わず「よかった」と心の中で叫びました。こんな人に添乗されたくない、予定している旅行はキャンセルすると即断できました。

その後、私たちの添乗員と話しているうちに、彼はペルーの博物館で働いていたことがあり、ペルーやチリなどに詳しいことが分かりました。しかも私がキャンセルした旅行の実施時期と同じころに、ペルー国内だけのツアーを計画しており、自分が添乗する予定だというのです。

彼の添乗では楽しいだろうと考え詳しく聞くと、ペルー国内での訪問地はマチュピチュ、ナスカの地上絵などの定番のほか、チチカカ湖にも行くというのです。私もチチカカ湖には興味があったのですが、ウユニ塩湖の方がより魅力的だったので、大手旅行会社のツアーに申し込んでいたのでした。ウユニ塩湖の代わりにチチカカ湖に行けるのはそれでまた楽しいと思い、彼の添乗のツアーに申し込み、ペルーの旅を満喫できました。

もしあの時、ポカラのホテルの屋上で、添乗予定の女性に会わなかったら、彼女の不親切な添乗に、不満を抱き続けながらペルーやボリビアを旅しなければならなかったのかと、ぞっとしました。事前に知ることができたのは幸運でした。

7　チベット旅行

この節では私が参加した中規模の旅行会社のツアーの旅行記です。参加者側に問題があった例として記しました。

「チベット、青蔵鉄道」のキーワードに魅かれ、ツアーへの参加を決めました。チベットはダライ・ラマ、ラマ教、河口慧海などの断片的な知識ながら、少年時代から一度は訪れてみたいと思っていた地です。青蔵鉄道は標高５０００ｍを超える鉄道として、一度は乗車することを熱望していましたので、長年の夢がかなえられる旅と期待しました。

申し込みはしましたが、旅の内容を考えないうちに旅程を示した「旅のしおり」が届けられました。自分が気付かなかっただけですが、旅の前半は雲南省を訪れることを知り、旅への期待は倍増しました。ミヤンマー国境の梅里雪山（６４７０ｍ）に登山中の友人が雪崩で遭難死しているので、一度は近くで冥福を祈りたいと考えていたのですが、その願いもかなえられると思ったからです。

希望に満ちた旅は期待どおり楽しかったです。しかしチベットを旅するには、旅行者自身もそれなりの知識、準備、覚悟が必要な旅であることも実感しました。特にこの旅行の参加者は高齢の人の割合が多かったのです。富士山の頂上に匹敵する地域を旅することを認識し、自己を管理する覚悟で参加すべき旅であることを痛感しました。旅の企画は高度順化が考えられ、参加者全員に酸素も配られ高山病対策は十分に配慮されていたと思いますが、やはり覚悟のいる旅と認識することが必要な旅でした。

麗江とシャングリラ

初日の上海での夕食は四川料理で、四川劇も演じられました。京劇の変面も見られ一同初日から期待以上に楽しめました。

麗江の観光は旧市街の散策から始まりました。ホテルのどの部屋からも玉龍雪山（５５９５ｍ）が眺められましたが、観光中はどこにいても見ることができました。３日目は郊外の小さな村二つを散策後、「印象麗江」を鑑賞しました。玉龍雪山を背景にした野外劇場で、演者は２００名以上、10頭ほどの馬も登場し、少数民族の姿を舞踏ショーで見ました。舞台両脇のスクリーンには英語の解説が出ましたが、内容は分からなくてもその迫力には圧倒されました。

麗江からシャングリラへの途中で虎跳峡を見物しました。玉龍雪山と哈巴（ハーバー）雪山（５３９６ｍ）に挟まれた高低差３９００ｍの長江の上流・金砂江の大峡谷です。５００段以上の階段を下り、展望台から眺めた激流は迫力満点でした。黄葉する雲南省の風景を楽しみ、建設中の高速道路を眺めているうちにシャングリラに到着しました。

宿泊するホテルの中庭にはプールがあり、部屋の窓は出窓で、そこに腰かけて、お茶を飲みながら外の風景を眺められる、リラックスできる設計になっていました。ホテル周辺にはチベット仏教の仏具を売る店が並び、仏教の地域に入ったことが実感されました。シャングリラの標高は３２００ｍ。現地旅行会社のサービスで全員に酸素缶一本ずつが配られました。

５日目のシャングリラの観光は松賛林寺から始まりました。17世紀、ダライ・ラマ５世によって創建された古刹で、多くの仏閣、僧房が並び小ポカラ宮と称されています。問答を修行する僧侶の姿も見られました。添乗員の配慮でバスがチャーターされ、数百段の石段を登ることなく本堂近くまで行けました。

午後は中国初の国立公園である「プダツォ国家公園」に行き、園内のシャトルバスで標高３６２５ｍの属都湖畔へと向かい、そこから湖畔の散策路を３・５㎞ほど歩きました。標高は富士山の９合目付近に相当しますが、湖面と黄葉を眺めながらゆっくりと歩いていると上高地の大正池付近を歩いている錯覚にとらわれました。それだけのんびりリラックスできる場所でした。火鍋の夕食は「旅のしおり」にはなかった民族ショーを見ながらで、グループの中にも舞台に上がった人もいて、雲南省最後の夜を楽しみました。

６日目、空路でラサへ向かいました。離陸して20分を過ぎた頃、左手に梅里雪山を視認しました。中央を流れ下る氷河が友人の命を奪ったとしばし感慨にふけながら、冥福を祈りました。ラサには２時間で到着し、旅のハイライトが始まりました。

ラサ

ラサはチベット自治区の省都標高３７００ｍ、富士山山頂付近と同じ高さです。森林限界を超えているらしく、付近の山々は岩山です。空は青く澄み、飛天が乗る雲に似た形の雲が二、三浮かんでいたのが印象的でした。軽い昼食のあと市内に向かい、しばらく走りトンネルでひと山超えると、中心を流れるラサ川に沿って市街地が広がっていました。「世界の秘境国」と呼ばれていたチベットを想像していましたが、高いビルが並び、はるかに近代あるいは現代的な街です。

まずダライ・ラマの夏の離宮であったノルブリンカ宮殿を訪れ7世、14世、８世の離宮を見学しました。最初に訪れた7世の離宮でのことです。入るとすぐに大きな壁画の前で現地ガイドの説明が始まりました。その壁画は６５０年ごろのチベット国統一から、チベット仏教の発生、１６００年ごろの中国皇帝からダライ・ラマ（大師）の称号を得てチベット仏教が確立し、今日に至る過程が曼荼羅のように描かれています。説明に最も力の入る場所でした。

壁画が大きいので、私はやや離れて旅行会社が用意してくれたイヤホンガイドに聞き入りました。ところが現地ガイドの脇に立つ１、２名の人が、合いの手を入れるように次々に質問を発するのです。そのたびにガイドはその質問に丁寧に答えるので、遠くで質問の意味も分からない私は、結局、日本語も十分でないガイドの説明そのものに混乱し、前述のチベット史の概要を理解するのが精いっぱいでした。

質問の内容は話の本質には触れていないようで、その時の思い付き、自分はこんな知識があるという事を誇示するような薄っぺらな内容のものだったようです。とにかく全体像をつかんで説明の本質を理解しようとする、心ある人たちにとっては迷惑な質問でした。ほとんど無意味で質問者の自己顕示欲だけを満足させる質問のおかげで、壁画1枚の前だけで40分ぐらいの時間を費やしました。参加者側に問題のある一つの例です。

ダライ・ラマ14世の離宮はチベット風の外観とは異なり、中は洋風で、イギリス式の教育を受けていたことが理解できます。彼に英語教育をしたのはドイツ人でした。

宿泊するホテルも良いホテルで、景観やシャワーで不満を述べる人もいたようですが私は十分に満足できました。部屋に入ってまず目についたのがサービスで置かれた2本の酸素缶と標高3668mという表示でした。ホテルで夕食後、現地旅行会社の計らいで、医師が現地ガイドとともに各部屋を回り全員の高山病に対するチェックをしてくれました。血液中の酸素濃度や血圧の測定でしたが、およそ半数の人が点滴や投薬を受けたそうです。私はシャングリラからずっと酸素も吸っていませんでしたが、健康に問題はありませんでした。

ポカラ宮と寺々

7日目のポカラ宮の見学はグループが二つに分かれました。私たちのグループはまず前の広場で写真を撮り、散策、11時から12時までの1時間で、宮殿内部を見学しました。私はガイドの近くに立ち、説明を聞いていましたが、始まって間もなく前日に質問を連発した人が、また質問を始めま

写真9　チベット・ラサのダライラマのポカラ宮

した。私は説明が中断すると内容が分かりにくいので、質問は後にしてくれと頼みました。

宮殿内の見学はスムースに進み、出口が見えた頃には12時近くになっていました。そこには売店があり絵葉書などが売っていたので私は急いで購入し、12時ちょうどにそこから100mほどの出口に着きました。ほぼ同時に皆さんが集まりましたが一組の夫婦が未着でした。その方の姿は売店付近で確認しているので、「迷ってはいませんよ」と添乗員に伝えておきました。結局その夫婦は30分遅れで戻ってきました。買い物に手間取ったらしいのですが、10名以上の仲間が30分以上無為な時間を過ごしたのです。しかし一言の謝罪や挨拶の言葉はありませでした。当人たちは遅れたという実感はなく、したがって仲間を30分も待たせた認識もなかったようです。

午後はチベット仏教の中心地大昭寺を訪れまし

写真10　チベット・ラサの河口慧海も滞在したセラ（色拉）寺、背後の山の稜線が鳥葬の場

た。巡礼者の数の多さ、マニ車を回しながら歩いたり、五体投地を繰り返す信者たちの信心深さに圧倒されました。

8日目、西蔵大学を訪れました。学生数5000人、医学部とチベット語科の二つの学部しかないチベット唯一の総合大学と紹介されましたが、残念ながら門から中には入れず、その前にある自然博物館も突然の休館で、現地ガイドは時間のやりくりに困ったようです。

午後は河口慧海も滞在し、1419年に創建されたセラ（色拉）寺を訪れました。チベットでは鳥葬が現在でも重要な葬儀方式で、本堂裏の岩山の頂上付近がその場所の一つでした。寺には現在でも多くの修行僧がおり、彼らが中庭で行う問答修行を見物できました。チベット仏教の僧侶の数は中国政府によって３２０００名と決められており、空席ができないと僧侶になれないシステムになっているとの説明でした。仏教徒の反乱や蜂起を防ぐのが目的だと理解しました。

青蔵鉄道

9日目、旅はいよいよクライマックスに達し、青蔵鉄道への乗車です。発車1時間前には駅に到着しましたが、そこからが大変でした。飛行機と同じように刃物はスーツケースにと言われていたのですが、実際は刃物類の持ち込みはすべて禁止でした。私たちの荷物のほとんどはX線検査で次々にはねられました。はねられると係員が飛んできて中身をチェックし、小さな裁縫用の握りハサミまで没収されました。私は24徳のアーミーナイフを持っていました。30年以上も慣れ親しんだナイフでどうしても手放す気にはなれません。係員にせかされながら、もたもたしていると添乗員が来てアーミーナイフ類はすべて回収し、後日現地の旅行会社から日本の会社宛てに送ってもらうように手配してくました。基本的には日本側への情報不足でしたが、これが中国・チベット観光の現実でした。

全員が乗車できたのは発車10分前で、車両構成を確かめる余裕もなく飛び乗りました。私たちは日本流に云えばグリーン車の2段ベッドの４人部屋です。普通車は3段ベッドの6人部屋で、その他に座席の車両と食堂車が付いたおそらく12、13両の連結でした。４人部屋の上段のベッドも作り付けでしたが座る空間には十分な余裕がありました。はじめ各自のスーツケースは部屋に置きましたが、同行した現地ガイドと添乗員が通路の空き空間に重ねて置いてくれたので、ゆったりと過ごせました。

部屋にはポットとゴミ箱が供えられ、給湯所に行けば熱いお湯がいつでも得られたし、ごみは時々回収してくれたのでその面でも快適でした。日本から持参したそれぞれのお菓子やコーヒー、添乗員がくれたお菓子などをつまみながら、刻々と変化する車窓の風景を楽しみました。

私はラサ市内で青蔵鉄道の沿線案内図を探したのですが見つからず、添乗員が手書きで作ってくれた路線案内によってその概要が分かり有難かったです。12時に食堂車で5品ほどの昼食を同じコンパートメントの皆さんと同じテーブルで楽しめました。食事が終わった頃、最初の停車駅北チベット最大の町ナクチュ（那曲）に到着しました。ここでは車外に出ることができました。標高は4000mを超えた駅で、ホームには積雪がありました。多くの人が下車しましたが、乗車の時はあれほど厳しかったのに、下車した人たちは駅舎にも入らずその横を通って外に出て行きました。

単線なのでよくすれ違いで停車しましたが、車外に出られたのはこの駅だけで、15時ごろに停車した世界一標高の高いタングラ駅も車内からの見物でした。長江の源流のトト駅停車が18時ごろ、そして夕食の弁当が配られ、チベットカモシカの姿が確認できた頃から外は夕闇が迫り、いつしか闇になり皆それぞれのベッドで横になりました。

21時ごろ、そろそろ崑崙山脈ではないかと起きだし、寝静まった通路に出て窓のカーテンを開けて外を見て、息をのみました。目に飛び込んできたのは満月に映える6000m級の雪山で、純白の斜面は銀色に輝いていました。一人息を殺して眺めていましたが、たまたま添乗員の部屋の扉が開いていたので、彼に知らせ二人で月光の世界を楽しみました。山脈は少しずつ低くなってきましたが、私一人ではもったいないので同室の人に低い声で呼びかけたところ、すぐ二人が反応し同じような光景を楽しみました。

23時20分、途中では20分以上の遅れが出ていた列車は予定どおりにコルムド駅に到着しました。１１４２km、14時間20分の旅は終わりました。標高２８００ｍのゴルムドは車外に出ても息苦しさを感ません。ついに青海省まで来たのです。

10日目、青海省第２の都市コルムドは観光未開発の地ですが、訪れたチンハイ塩湖は印象に残りました。これまで塩湖といえば、そこで生産されるのは食塩です。ところがここでは化学肥料が生産されていました。湖岸には白い塩の浜が発達しているのも面白いです。案内された塩湖博物館は小さいながら地球の発達が読み解ける情報が並び興味深く参観できました。ホテルにも15時ごろには戻れたので、帰国に備えて荷物の整理ができ良かったです。

11日目は帰国のために上海まで戻るだけです。しかし乗り継ぎの西安空港で飛行機が2時間以上遅れ、上海には18時ごろに到着し、外灘の夜景を楽しむ時間はほとんどありませんでした。夕食には添乗員の計らいでメニューにはなかった季節ものの上海ガニも供されました。

成田へは予定より1時間早く到着しました。現地の旅行会社からの十分な情報もない中で、添乗員は苦労の連続だったと思います。しかし毎朝出発時に遅れる人が一人もいなかった24名が、全員無事に戻れた最高の旅でした。

自己管理

旅は成功裏に終わったと思いますが、軽視できないことが二つありました。自戒も込めてその事実を記します。

その一つは5日目、属都湖畔の散策の時です。ガイドから「湖畔のウォーキングは約3・2km（実際バスを降りてからの歩く距離が3・5kmはあった）程度ですが、歩くのに自信のない方は、このままバスに乗って行って終点で待っていてくださってもよいです」と告げらました。バスで行く希望者は無く全員が歩き出しました。湖面の標高は3625m、富士山の9合目ぐらいに匹敵します。酸素を吸いながら歩く人もいましたが、一人を除き1時間程度の時間で目的地のシャトルバスの終点に着きました。三々五々到着した人たちは添乗員がいないことに気が付き始めました。

しばらくすると添乗員の黄色の姿が見えてきました。彼は酸欠状態の人に付き添い支えながらそろりそろりと歩いてきました。結局、他の人よりも30〜40分遅れての到着で、シャトルバスを待つ時間も入れると、ほとんどの人にとってはここで1時間以上も無駄な時間を費やしたことになります。

その人の奥様は先に到着していました。彼女の話ではご主人は傘寿を過ぎており普段から運動もしないし、体を動かすことはほとんどしていないとのことでした。そこで私は素朴な疑問が生まれました。その人が日本で富士山の頂上付近を歩きなさいと言われて歩くだろうかという事です。登らないでただ歩くだけと言っても敬遠するのではと思います。旅先ではあまり現地の事情も考えず、ただついてゆけばよいと考えてバスにも乗らず歩き出したのでしょう。自分自身を知らない、あるいは自己管理のできていない典型例です。

この時のダメージからだと思いますが、その人は結局ラサではすべての観光に参加せずホテルで休息していたようです。ただし、24名の参加者のうち23名はそれなりに自己管理ができ高山病にもならず旅を楽しんだのです。

次の例はどこでも起こりうる事例です。

コルムドから上海への乗り継ぎ地、西安空港での出来事です。スーツケースは直行とのことで、西安に到着し機外へ出たところで添乗員から上海行きの航空券を渡されました。航空券には搭乗ゲートが記載されていないので、これから搭乗ゲートを確認しながら、搭乗口に向かうという指示で歩き出しました。空港内での一本道の通路を１００ｍほど歩いたところにゲート表示の掲示板があり、その先には左に曲がる通路もありました。

掲示板の表示は次々に代わり、最初に確認した私たちのゲートが次に出てくるまでは数分を要しました。その掲示板の前には少なくとも5分以上はいました。ゲートが確認できたので添乗員に従って、ゲートに到着しました。出発まで2時間近く余裕があり、そのうち上海行きの飛行機が2時間遅れることが知らされました。仕方がないのでベンチに座ったり、売店を眺めたり、皆それぞれに時間をつぶしていました。

その時添乗員と話す人の声が聞こえてきました。はじめは気にしなかっのですが、聞こえてくる言葉は「私は何も悪いことはしていない。それなのに置き去りにされた」、「ゲート表示板の所に皆居たというならなぜそこで人数の確認をしないのだ」でした。その人はこの旅行を催行した会社で何十回も旅行していると話をしていた人で、旅のベテランを自認する人でした。それだけに、それまでの添乗員に落ち度はないのに何のクレームつけているのか、聞いていてもあまり良い気持ちはしませんでした。

その後、席を変えていた私の近くに座っている人たちの所へその人が来て、愚痴り始めました。「私はみんなのあとを一生懸命ついて行ったのに、置いていかれた。添乗員が掲示板の所で人数を数えてくれていれば私は苦労しなくて済んだ。彼のために歩き回らざるを得ず、「旅のしおり」の電話番号に電話をしても通じない。あの番号は間違っておりまったくひどい目にあった」と主張していました。

話を聞いた人の何人かが「あなたは成田で渡された添乗員の電話番号を持っていなかったのですか」と聞きながら、複数の人がこれですよと示しました。「お守り代わりにこれを持っていてくださいい」と最初に渡された名刺大の添乗員の携帯電話番号を書いたカードです。「そんなものもらったのかしら、私は持っていません」との一言でした。

繰り返し添乗員の非を訴えるので、ついに私も黙っていられなくなり「横から口を出して悪いが、添乗員には何の落ち度もないですよ」と言いました。すると「でも人数を確認すれば私がいないのに気が付いたはずなのにそれをしなかったからミスです」と主張するのです。

「あそこで人数を確認しなかったのは事実です。しかし搭乗券を受けっとった場所から一本道を１００ｍ足らず歩いただけで、しかも表示板の所で5分以上は全員が立っていた。そんな距離で人数を数えなければならないのだったら街中などは歩けません。彼の行動には全く落ち度はありません。あなたは私たちの横をすり抜けて先に行ってしまったのでしょう。それ以外考えられません」と断言し私は口を閉じました。

その人の旅行中の行動を見るとショッピングが最大の関心事でした。空港に着いたらショッピングの一心で、売店だけを求めて我々にも気が付かず、そのすぐそばを曲がってはいけない方向に勝手に曲がり、しばらくして誰もいないことに気が付いたらしいのです。旅のベテランを自認するなら、たとえ迷子になったとしても、すでに搭乗券を持っているのだから、ゲートを確認して、そのゲートに行けばよいのにそれもしないで、ただやみくもに歩き回ったらしいのです。

その旅行会社では「観光中迷子になったら最後にグループの人たちといた場所を動かないでください。必ず添乗員が迎えに行きます」と注意しています。しかし今回のケースではそれも役に立たないでしょう。添乗員とグループ全員を追い越し勝手にどこかへ行ってしまったのですから、仮に人数を数えていたとしても、添乗員には探しようもなかったでしょう。このように自己管理ができない人がいるのかとびっくりしました。

グループ旅行では参加者は職業や地位、名誉に関係なく皆同じ生徒で、先生の添乗員にすべて従う姿勢が不可欠です。私は高齢になるに従いツアーでは添乗員はもとより、同行者に迷惑をかけてはいけないといつも注意しながら行動しているつもりです。しかしこの出来事をみて改めて自分自身の行動をみつめなおし、自己管理を自省しています。

以上がこの旅行の顛末ですが、第3章1で述べた3つの条件を思い出してください。

第4章 旅の危険

1　外務省のホームページ

あなたのパスポートの最後のページを開いてください。そこには次のように書かれているでしょう。

『海外へ渡航する際は、外務省の渡航情報及び渡航先の日本国大使館や総領事館の連絡先を確認してください。
海外安全ホームページ：http://www.anzen.mofa.go.jp/

万一、海外で危険に遭遇した場合には、日本国大使館又は総領事館、あるいは日本の外務省に連絡してください。
外務省電話番号　+81(0)3　3580・3311』

2020年の新型コロナウイルス感染症騒動以来、このような注意に注目する人は増えたと思いますが、それまでは、パスポートを受け取っても、この文章を読んだ人は、極めて少なかったのではないでしょうか。２０２1年にはアフガニスタンでアルカイダが復権しました。これからの外国旅行は、しばらくは細心の注意を続けなければならないでしょう。

それでも団体旅行の場合は、各旅行会社が現地の情報を収集して、各国の事情や安全を確認してから旅行催行を決めているでしょうから、一応安心です。しかし、個人旅行の場合には、中近東、アフリカあるいは南アメリカのような遠方の国々は情報不足ですから必ず事前にインターネットなどで「海外安全ホームページ」を開いて、現状を確認することを勧めます。訪れたことのある国であっても、情勢は変わりますから現状を調べておいた方が良いことは、多くの人々が理解されていることでしょう。

危険とは目的地やその周辺で戦争が起こっている、治安が悪い、テロが横行しているなどの物騒なことばかりではありません。コロナ騒動が典型的な例ですが、入国者の健康状態を検査することもあるし、目的地で特定の病気が蔓延していたり、伝染病が流行していることもあるのです。海外安全ホームページにある『たびレジ』に登録しておけば、海外に行っても、その国の情報をスマートフォンなどで入手できるシステムが紹介されています。登録も簡単ですので利用することを勧めます。

『たびレジ』では海外における安全情報をメールで送ってくれます。緊急の連絡、安全の確認、必要な支援などの情報が流され、旅行者と外務省をつなぐ役割をしています。特に女性にとっては『たびレジ』は「旅のお守り」とまで言われています。

ＥＵのように外国人の短期滞在に対して共通政策をとっている地域を「シエンゲン領域」と呼びます。出入国などでは便利ですが、犯罪やパスポート紛失などの時には注意が必要です。私の知人がオーストリアからドイツへ列車で移動した時、列車内で荷物を盗られてしまいました。盗られた場所はオーストリア国内だったようですが、盗難届を出したのはドイツ警察でした。荷物はもちろん出てこないし、犯罪が起こったのはオーストリアであるからと、ドイツで盗難の証明書を出してもらうにも苦労したとのことです。

パスポートにも書いてあるように、外国を訪れる以上、その国にある日本の在外公館（大使館、領事館、在外事務所など）の電話は、必ず控えておいた方がよいでしょう。事件や事故が起こってからでは、気も動転しているでしょうから、電話番号を探すのも大変でしょう。現在の地球上では、どこでも日本人旅行者がテロや誘拐に巻き込まれる危険はあるのです。

薬物犯罪への注意、狂犬病対策、蚊などに刺される刺咬傷への警告など、海外安全ホームページは、旅行好きの人には読んでいるだけでも、いろいろな情報が得られ、参考になります。

私は外国でも滞在先の街で、毎朝散歩に出ることが多いです。静かな街を一人で歩くことによって、その街の雰囲気が分かり、地理を覚えられるからです。ところが困るのは、その時犬に出会うことです。犬に対して規制が厳しい国では、放し飼いはほとんどみられませんが、世界では放し飼いをしている地域が断然多いのです。たとえ離れていても犬が見えたら必ず自分から避けています。

21世紀に入ってすぐの頃だったと思います。私の地震学の恩師がインド洋上のフランス領であるレ・ユニオンに埋葬されているので、墓参りに行くことにしました。訪れる研究所とも連絡して、日程も決まり航空券を購入しようとしていたときに連絡が来ました。今レ・ユニオンでは「フルフル」と呼ばれる病気が流行している、フルフルは蚊に刺されると発症しものすごい痛みで、感染者の数パーセントに死者が出ているので、来ないほうが良いとのことでした。「フルフル」は現地語で「イタイイタイ」という意味だそうです。もちろんその時は中止し、フルフルの流行が収まった1年半後に墓参りは実現しました。

その教訓から、アフリカに行くときには蚊への対策を十分にしていきます。アフリカの行く先によっては黄熱病の予防注射も必要ですから、事前に調べる必要があります。

2　郷に入れば郷に従え

日本人だけとは限りませんが、よその国へ行っても自分流を変えようとしない人がいます。1970年代のはじめ、まだ海外へのツアーは珍しい時代でした。眼鏡にカメラを持ちスーツを着ているのは日本人の団体、あるいは日本人の団体は農協グループなどと揶揄された時代の話です。

オーストラリアのシドニー空港での出来事です。そのころはシドニーと羽田の間は、週に3便日本航空が運航していました。日本への帰り便は夜行便になります。また空港は現在よりはるかに小さく貧弱でした。免税店もほとんどなかったように思います。広い待合室のベンチで眺めていると、広い空間にポツンとワゴンが置かれ、そこに日本人が集まってきました。お土産用の香水売り場が出現したのです。

しばらくその集団に見とれていると、突然怒鳴り声が起こり、一人の男性が、周囲の人を突き飛ばしました。大きな声にびっくりしましたが、どこにいたのかすぐガードマンが駆けつけてきました。ポリスの腕章のある人も現われました。ガードマンが大声を出した人を集団から遠ざけ、騒ぎは収まりました。

騒ぎの原因は香水がなかなか買えずに、苛立った人が順番を巡って怒鳴りだしたようです。その頃、外国旅行をした人なら誰でも経験していることですが、当時はヨーロッパでも、オーストラリアでも、ニュージーランドでも、日本人の感覚では売り子の対応が極めて遅いのです。お金の計算にも時間がかかりました。出発時間までには余裕があっても、なかなか来ない自分の番に、怒鳴りだした人がかんしゃくを起こしたようです。

その時は、その人も帰国の時ですから、オーストラリア内を旅行中に売り子の対応の遅さは経験済みのはずですが、日本にいるのと同じ気持ちでいたら、あまりに待たされるので爆発したのでしょう。同胞として、とても恥ずかしかったです。失礼ながら、その人たちの服装を見ていると、フランス産の香水が役立つ家庭かどうかも疑問に思いました。とにかく香水、スコッチウイスキー、煙草などが海外旅行土産の定番の時代でした。

２０００年前後の事だったと思います。飛行機の機内で着席していた男性が、何かの紙袋をＣＡ（キャビンアテンダント、当時はスチュワーデスと呼んでいた）に、冗談で「ボンブ（爆弾）」と言って渡したところ、本気にされ大騒ぎになったそうです。結局、その人は飛行機からおろされ、警察沙汰になったようです。確か40歳前後の男性だったと思いますが、場所柄もわきまえず、気楽に言ったつもりの冗談が、最悪の結果をもたらしたのです。

この二つの例はやや趣が異なりますが、ともに自分流を貫いた結果起こしたものです。どの国へ行っても、どんな場所に行っても、周囲に注意を払い「郷に入れば郷に従う気持」が大切なことを示しています。

3　平和ボケを自覚

日本では海外旅行をする世代はほとんど戦争を知らない時代になりました。戦争を知らないどころか、団塊の世代以後は日本の高度経済成長期に育ち、自由で贅沢な暮らしの環境の中で育った人たちが、海外旅行でもその中心になりつつあります。

第二次世界大戦から70年以上が経過しましたが、地球上では常にどこかで戦争が起きています。しかしそれらは日本人にとってはまさに対岸の火事で、ほとんどの日本人にとっては「関係ない」

ことです。その結果日本人の多くが平和ボケになりました。

ロシアのウクライナ侵攻のニュースは日本の第二次世界大戦を知る世代には、まさに自分たちが経験していたことだと認識した人が少なくないでしょう。戦争は残酷でどちらの国にとってもプラスになることはありません。独裁者だけが理屈をつけて自己満足をしているのです。そんな背景を自覚しながら地球上を歩くことが重要と改めて考えさせられました。

20世紀の終わりごろの事です。知人の一人が南アフリカのケープタウンで、昼間に強盗まがいの泥棒にあいました。彼はズボンの後ろのポケットに細長い財布を入れていました。よく日本でも見かける若者の姿です。「ここに財布があります」と知らせているようなものですが、本人はその頃すでに危険な国になっていた南アフリカを、日本と同じ感覚で歩いていたのです。

泥棒は財布を盗もうとしたのですが、抜きとれず、彼を後ろから羽交い絞めにして、財布を取り逃げ去りました。ただその話を聞いたとき、私は彼に同情できませんでした。それは日本の平和ボケを外国でも実践しているからです。

ケープタウンではもう一つ同じような話があります。ケープタウンで国際会議に出席していた友人に電話をしたときのことです。目的の人とは電話が通じないので、もう一人の友人に電話をしたところ通じました。なんと二人は一緒にいたのですが、一人がひったくりにあってバックを盗られた直後でした。二人とも旅慣れている人なのですが、昼間にひったくりにあうとは、やはり気が緩んでいたのでしょう。

そんな事件があった後、私も南アフリカを訪れる機会がありました。南アフリカは危険な国の意識がありましたので、一人旅でもあるし、久しぶりに訪れてみようかと考えていたケープタウン訪問も取りやめ、飛行機の乗り継ぎのためにヨハネスブルグに一泊だけしました。

空港からホテルに向かうタクシーの中で、運転手からいろいろな情報をもらいました。彼は南アフリカは確かに危ない国になっているが、悪いことをするのは南アフリカ人ではなく、周囲の国から流れてきた人間たちだと主張していました。確かに一理あるなとは思いながら聞いていましたが、ホテル到着後は外に出るのも控え、すぐ近くのレストランで夕食をとり、翌日の朝、帰国の途に就きました。せっかくアフリカ大陸の南端まで来たのにと残念な気持ちもありましたが、事件や事故に巻き込まれたくないという気持ちが先行したのです。

4　若気の至りもほどほどに

海外旅行をしていて驚くのは、日本の若者たちが、臆することなく地球上のあちこちを旅行していることです。そのような若者たちと話す機会もありましたが、しっかりと自分を見据えて旅をしている人がいる反面、こんなことで大丈夫かなと心配になることもしばしばです。

1980年代の事です。ギリシァのアテネで博物館を見学した後、タクシン（憲法）広場のカフェテラスでコーヒーを飲みながら人の流れを眺めていました。そこへ日本人らしき女性3人が、（たぶん地元の）若者3人に肩を抱かれながら歩いてきました。卒業記念の旅で来たような3人でしたが、その顔は楽しそうではありませんでした。ただそれだけのことですが、その女性たちの親がこの光景を見たらどう思うか、余計なことを考えてしまいました。どうしてそんな状況になったか知る由もありませんが、海外旅行をする若い女性たちには考えて欲しい問題です。

２００4年4月、日本の３人の若者がイラクで拘束されました。その前年の11月、二人の外務省関係者が公務中にやはりイラクで射殺されています。また同じ4月にジャーナリスト2名も誘拐され、さらに10月に1名、２００5年5月に1名が射殺されました。

ほぼ1年半の間に、イラクでは日本人9名が事件や誘拐に巻き込まれ、４名が射殺されています。そして、２００4年4月の二つの事件だけは、全員が無事に解放されました。３名が誘拐されたとき、犯行グループは犯行声明の中でイラク・サマーワに駐留していた日本の自衛隊の撤退を要求していました。経過はいろいろあったようですが、日本政府は自衛隊の撤退は拒否、イスラム教指導者の計らいとかで、９日後に3人は無事解放されました。

３人は一緒に行動していたわけでなく、たまたまどこかに向かおうとしていたときに、目的地が一致してタクシーをシェアして走行中、３人同時に誘拐されたようです。解放にあったっては日本政府が身代金を払った、払わなかったと話題になりました。直後に誘拐された二人のジャーナリストもこの時は解放されています。

3人が解放されると、日本国内では自己責任論がメディアで論じられました。前年には外交官が射殺されている地域に、勝手に行き、日本中を心配させ、もしかしたら税金で身代金が支払われたのだという論調でした。背後でどのような取引が行われたのかは分かりませんが、政府は身代金の支払いは否定していました。日本国内での自己責任論に対して、誘拐された3人は猛烈に反論したようです。

30歳前後の女性は裕福な家の娘で、イラクのストリートチルドレンを支援するボランティアでイラクに入った、子供たちのために入ったのだ「何が悪い」という論調でした。

同じく30歳前後の男性は、写真家だかジャーナリストを自称し、イラクの悲惨な現状も知らないで、批判するのはおかしい、自分はイラクの現状を世界に発信するために入ったのだと主張していました。この論調は入国自粛地域へ入るジャーナリストがよく使う論法です。

18歳の高校生は紛争の最前線を見て勉強したかったとか、調査をしたかったというような趣旨の発言をしていました。この高校生に関してはその後、あるマスコミが「紛争地域の専門家」というような紹介をしていました。事件直後で、高校も卒業したのかどうかという歳頃の青年をそんな風に紹介するマスコミも世の中に間違った情報を発信するので、おかしいです。

3名には渡航自粛地区へ入国した反省は無く、小さな正義感やヒロイズムから自己の正当性を主張し、むしろ多大な迷惑や心配をかけた日本人は実状を知らず、国際社会に対しては暢気すぎるというような発言を繰り返していました。ほとんどの日本国民は彼らが無事救出されることを叫び、祈ったことへの感謝などは、一言もありませんでした。

2015年、2016年にもジャーナリストがシリアに入り、殺害される事件が起きました。そのたびに自己責任論が繰り返されています。ジャーナリストは紛争地の現状を世界に知らせるという、崇高な役目があると自負します。しかし、彼らの心底には特ダネをとりたいという個人的欲望が渦を巻いているのも事実です。社会的責任を隠れ蓑に、個人の欲求を満足させるための、危険地域への入国だと私は理解しています。ですからその誘拐の結果がどうなろうとそれはまさに自己責任です。

外野席にいる無責任な私としては、そんな人はほっておけばよいと思いますが、政府となればそうはいきません。「救出に全力を尽くす」がそのようなときの官房長官談話です。

一般旅行者としては、外務省が入国自粛を要請している国へは、たとえ個人的にどんな興味を抱いても訪れるべきではありません。その国を訪れたいという夢を持ち続ければ訪れる機会は必ずやってくると信じるべきです。

5　君子危うきに近寄らず

イタリアではローマが一番ドロボーやひったくりにあう割合が多いです。少なくとも私の二人の友人もローマで被害に遭遇しています。

世界の多くの国を訪れ、旅慣れている友人の一人が、ローマの路上でひったくりにあいました。手提げ袋一つを持ち横断歩道で信号待ちをしていたら、走ってきた二人乗りのバイクが目の前を通過しながら、手提げ袋をひったくり走り去ったのです。運悪くその中にはパスポートと翌日帰国するための航空券が入っていました。

幸いローマには日本大使館があり仮の証明を得ることができ、航空会社にもすぐ連絡を取り、名前や座席も分かっていたので、予定の便に乗れました。大事に至らせなかったのは旅慣れていたからですが、災難でした。その人もローマの事情は分かっていますから、余計な物は一切持たず、夏なので上着も着ずパスポートと航空券だけを手提げ袋に入れて持っていたのだそうです。当然しっかり握っていたでしょうが、交差点での信号待ちでふと手が緩んでいたときに、ひったくられたのでしょう。

最近は少なくなったように思いますが、ひところ男性がポシェットを腰に巻き、財布など重要なものを入れる習慣がありました。夏、スーツを着ない時期には便利なので、私も利用していましたが、外国旅行、特にローマのような街では大切な物のありかを知らせているようなものだから危険だと注意され、それ以来使うのをやめました。

ローマでのもう一つの事件は集団ひったくりにあったのです。彼は結婚を控え、30万円の大金を持って買い物に出ました。公園の脇で人通りはそれほど多い場所ではなかったところで、前方から数人の子供が何やらしゃべりながら近づいてきました。一人の子供が何かを書いた段ボールをかざしながら何かを聞いてきたと、彼は解釈していました。話が通じないのでその子供は段ボールを、彼に押し付けるようにしてしきりに何かを言うので、それに気をとられていたら、子供たちの手が伸びて、ポケットから財布を取ろうとしていることに気が付いたそうです。しかし時既に遅かったようで、財布は子供の手にあり逃げだしました。大声を出しながら彼はその子供を追おうとしたとき、別の子供がパスポートを持っているのに気が付き、その子供にとびかかり手を捻じ曲げて、パスポートだけは取り戻したそうです。

彼としては、とにかくパスポートが盗まれなくてよかったと、自分自身を慰めていましたが、必死でしたので、もしかしたらその子供は骨折していたかもしれないとのことでした。

この段ボールを使ったドロボーはローマでは有名です。私は十分に承知していましたので、遭遇しましたが避けることができました。彼らは段ボールを示しながらニコニコ近づいてきました。私は立ち止まりやり過ごそうと思っていましたが、明らかに私がターゲットでした。2、3mまで近づいてきたところで、私は彼らを睨めつけ、「ノン」と大声を出しました。そんなことを数回繰り返しましたが、私は常に彼らとの距離をとっていました。すると家の陰で女性の声が聞こえ、子供たちはさっと路地裏に消えました。子供たちはその女性に操られていたのです。

ローマでのスリの主体の女性たちは郊外の自宅から、みすぼらしい服装で、時には赤ん坊を抱いたり、背負ったりして街中に出てきて、物乞い、スリやドロボーを繰り返し、夜は郊外のねぐらに戻る生活をしていると聞きました。ローマではスリにあう人が多いという話を聞くと、その事情は現在でも変わらないようです。

煙草をくれないかという子供の集団にあったことがあります。彼らは遠くから煙草を吸う真似をして近づいてきました。当然、距離を置いて「ノン」を連発していたら、彼らは去っていきました。街中でも油断せず、たとえ子供でも、また何を言われても近づかないことです。君子危うきに近寄らなければ、事件には巻き込まれません。

6　パスポートを戻したスリ

本節は私の失敗談です。21世紀のはじめ私はモンゴルを訪れました。私的な観光旅行でしたが、大使館からの依頼で、モンゴル・ウランバートル市内の大学などで講演することになっていました。

私が仕事モードに入るので、同行した友人たちは観光を終え先に帰国しました。早朝帰国する彼らを見送りに、空港に行った時のことです。その時見送り人はチェックインカウンターのある建物には入れなかったので、皆外側のガラスの壁の所から見送ることになっていました。そのガラスの壁は長さが40～50ｍはあったと思います。その外側には手すりがあり、私は手すりに両手をついて、見送る人とアイコンタクトをしていました。同じような見送り人はほかにもいましたが、互いが身体をくっつけるほどのことは無く、適当な間隔をとって人々が並んでいました。

ふと気が付くと私の登山用ベストの左ポケットのファスナーが開いているのです。私はポシェットを使わないようになってからは、旅行中のハンドバック代わりに、ポケットの沢山ある登山用のベストを、夏でも冬でも使うようにしています。

空いているファスナーにハッとしました。そのポケットにはパスポートを入れておいたからです。しかし、見るとポケットの中にはパスポートケースがあり、赤いパスポートがのぞいていました。私がファスナーを閉め忘れたかなと思いながら、閉じて安心して宿に戻りました。

午後からの講演に備え、自室で準備を始めたのですが、ふと気が付いてパスポートケースを取り出しました。パスポートケースのパスポートと反対側に予備金を入れておいたことを思い出したのです。ケースの中に入れた予備金、新札の１００米ドル８枚すべてがなくなっていました。やはり現金を盗られてしまったのです。

予備金なのでなくても困りません。私は経緯を考え一人ニヤニヤしてしまいました。あまりに上手で親切なスリだからです。確かにポケットのファスナーは閉じてあったと思います。そして両手をやや広げて手すりに手をつき立っていました。確かに腕とポケットの間には空間がありました。私の注意はガラスの壁の向こう側だったからです。

犯人は気づかれないようにファスナーを開き、パスポートケースを取り出し、現金を発見したのでしょう。新札ですから８枚でも重なっていると極めて薄く感じます。犯人は現金を取り出すと、そのままケースを私のポケットに返してくれたのです。その間の時間は１、２分だったのではないでしょうか。

私の周辺には数人の人がいたとも思えません。見通しもよかったと思います。そんな中でパスポートケースからお金を抜き出したのですから、犯人は複数いたのかもしれません。先に帰国した友人にこの話をしたところ、私の近くに外人（日本人ではない人の意）が立っていたような気がすると言っていました。複数の人がいたのでケースから現金を抜き出すのも、隠れてできたのではないかと推測しています。とにかくすべては推測ですが、事実はパスポートケースに入れておいた予備金１００米ドルの新札８枚が盗まれたことです。その新札はケースをポケットから抜き出さないで取り出すことは不可能だし、ケースを取り出さない限り新札の存在は分からないはずです。

ニヤニヤしたのはわざわざパスポートを持ち去ることなく、元の場所に返してくれたからです。それを短時間で、私が気付くこともなく実行した「スリ君」の技術に驚いたのです。この旅行は日本大使館とも連絡が取れていましたので、万が一、パスポートを盗られても大事には至らなかったと思いますが、とにかくパスポートは元のままでした。

大使館員の話では、東南アジア各国と異なり、当時（21世紀はじめ）のモンゴルでは日本のパスポートは価値がなく、時には大使館の庭に盗んだパスポートが放り投げられていたこともあったそうです。

このスリ事件は私にとって、国内外を問わず最初で、ただ1回のスリ被害でした。被害は保険で補償してもらえたので、実質的には何の損失もなく、今では記憶に深く残っている思い出となりました。このスリ被害が最後になるよう、その後も注意は怠っていないつもりです。

なおこの時のモンゴル旅行ではゲル（パオ）に宿泊する経験をしました。現在でもモンゴルの地方ではホテルとしてゲルが使われています。部屋はゲル、食堂やシャワー、トイレは別棟で共通という形式のホテルです。ゲルは組立式の遊牧民の住居で円形のフェルト張りで、中は清潔で温かかったです。

7　一皿700万ドルのカレーライス

本節も私の経験談ですが、高値の金額を強要されたわけではなく、普通の請求金額でした。21世紀のはじめ頃、アフリカのジンバブエは政治と経済が混乱していました。そんな中、機会があったので、近くまで行ったのを利用して、ビクトリア滝を見に行きました。子供の頃に読んだリビングストンとスタンレーの話の地です。

南アフリカ・ヨハネスブルグを経由してジンバブエのビクトリアフォール市の空港に着いたのは、日本を出発してから30時間以上が経過していました。宿泊のホテルもイギリスの植民地時代からの老舗ビクトリアフォールホテルでした。ちなみにこのホテルで夕食が食べられるレストランの名前は「リビングストン」、毎日19時オープンでスーツ着用、アフリカ南部にありながらまだ大英帝国の雰囲気が漂っていました。

ホテルには15時ごろ着き、1時間ほどホテル周辺を散歩して周囲の土地感を得て部屋に戻りました。滝に続くホテルの裏門を一歩出ると、そこには生々しい象の糞が落ちていたり、サルが群れていたりと、アフリカに来た実感が漂いました。フロントで言われたことも、ホテルの周辺には象がいるから注意しろ、ときどき鳴き声も聞こえるという事でした。

驚いたことにホテル内には銃を持ったガードマンが歩いていました。銃は悪さをする猿を撃つためで、決してテロに備えているのではないとのことでした。実際ホテルの庭にはサルの群れがいました。もちろん私には単なるサルの群れでも、現地ではいろいろな種類のサルが群れを成しています。

部屋に戻り疲れたので夕食を食べて早く寝ようと思いましたが、レストランが開く時間まではまだ1時間以上もあり、カフェテラスで軽食をとることにしました。案内された席からはホテルの庭越しに、ビクトリア滝の水煙がよく見える良いロケーションでした。滝から立ち昇る水煙とホテル周辺の森林を眺めていると、今は確かにアフリカにいるのだという実感とともに、念願の地をようやく訪れることのできた喜びが湧いてきました。

あまり空腹も感じないでメニューを見ていると、「今日のカレー」という欄がありました。ここでもカレーはあるのかと思いながら、今日のカレーの種類を聞くとビーフだというので、ビーフならそれだけの味はするだろうと注文しました。注文はカレーライス、ボトルの水、そしてコーヒーでした。

アフリカの大地の森林と滝の水煙を前景として沈んでゆく太陽を見ていると、来てよかったと、食べるのも忘れて眺めていました。暮れなずむアフリカの大地の日没に酔いしれていると、テーブルにローソクがともされ、周囲は夕闇に包まれ始めていました。

ビーフカレーは可もなく不可もなしでしたが、風景を満喫し、大満足の食事でした。ウエイトレスのチーフと思しき人が勘定書を持ってきてくれましたが、ローソクの光だけでは0がたくさん並んでいるのは分かりましたが、文字もはっきり読めません。先ほどのウエイトレスを呼んで、金額と支払方法を聞きました。彼女は恭しく「セブンミリオン・ワンハンドレッドサウザンドダラー（710万ドル）」と言って、勘定書の下の部分を指し「もし御心がおありでしたら、ここにいくらかのお心づけをください」と言いました。残念だったのは非常に丁寧できれいな言葉遣いに感激してしまい、彼女が話した英語が今思い出せません。少なくとも私の人生で、最も丁寧に話しかけられた英語だったのではと思うのです。その時は非常に丁寧な言葉遣いと聞き入っていたのですが、翌日になってあの時彼女はどんな英語を使ったのかと思い出そうとしたのですが、思い出せず、残念な気持ちが10年以上も経過した現在も続いています。

そこで私はチップ50万ドルを記入しました。カレーライスとコーヒー、水の夕食代がチップを含めて760万ドルです。ただ、後で考えると50万ドルのチップは安すぎたかな、90万ドルと書いて合計800万ドルにすればスマートだったかなと反省をしましたが、50万ドルのチップでは請求額の10パーセントにも満たない額だったのです。そのときの滞在中のホテル内の費用はすべてチェックアウトの時にまとめて支払いました。5日間の滞在費は予約した時日本で支払ってありますので、チェックアウト時の支払いは昼食と夕食代それぞれ3、4回分で、売店みたいな売り場はありましたが、買うような品物は無く、ホテル内でお金を使うことはありませんでした。請求額の総額は2千万ジンバブエドルでした。

このようなインフレの国ではなるべく現金決済が割安と考えていましたので、支払い方法を聞かれたときは、すぐ米ドルのキャシュで支払うことを告げました。最終的に手元に来た請求書には「国際バランス」の項もあり、160米ドル程でした。一皿710万（ジンバブエ）ドルのカレーライスも2000円以下だったようです。

ただこの時のホテルの料金計算は最後までよく分かりませんでした。街の両替屋の表示には1米ドルが10万ジンバブエドルと書いてありましたが、実際のレートはジンバブエドルがもっと安くなっていたようです。ちなみに、翌年の日本の新聞記事で、ジンバブエのインフレはさらに進み1米ドルが100万ジンバブエドルと出ており、それからしばらくしてジンバブエの経済は貨幣価値の変更を余儀なくされたとの記事を読みました。

私にとっては一皿700万ドルのカレーライスを食べたことは、テラスの雰囲気とともに最高の思い出として残っており、ときどきジョークとして友人たちにも話しています。

8 届かないスーツケース

旅の危険というほどではありませんが、航空機でようやく到着した空港で、出発時に預けたスーツケースなどの荷物が届かないことが、稀に起こります。その発生率は正確には分かりませんが、私の感覚では0・1〜0・02%の間、つまり1000回から5000回に1回程度ではないかと思います。極めて稀ではありますが、直面したら困ります。最も困るのは夏の日本から冬の南半球に行くような時です。用意した冬物はすべてスーツケースの中、外出もままなりません。

私も一度だけ、スーツケースが届かなかったことがありました。ニューヨーク経由でチリのサンチャゴに行った時のことです。冬の日本から夏のチリへですが、気候差はそれほどなく、1日遅れで荷物も届き、困ったことは記憶に残っていません。

頻度は少なくともその危険はあるので、私は機内持ち込みの荷物の中に必ず1、2日ぐらいは生活に困らない着替えや常備薬などを入れておきます。長袖のマウンテンパーカーやジャンバーのような、ウィンドブレーカーも持参します。

そして何より大切なのは、空港で手渡される荷物引き受けナンバーのチケットを必ず持つことです。このチケットを持っていることで、航空会社側で事後処理はほぼ確実にやってくれます。その交渉もツアーの場合には添乗員がやってくれますが、個人旅行なら自分でしなければなりません。荷物引き換えのチケットとパスポート、到着後に滞在するホテルの名前や住所を伝える必要がありますから、そこだけきちんと伝えることができれば、１、２日の不便さで問題は解決します。

旅支度の準備の段階では常に「万が一」の時のことを考えて、１、２日は困らない着替えや洗面具、常備薬などは手荷物として準備をすることを勧めます。

第5章 地球を知り国を知り人を知る

世界旅行の参考書

1　地球上に「つまらない場所」はない

「地球の陸上で一番変化の少ない場所はどこか」と聞かれたら、私は何と答えるだろうか。その答えは「南極大陸」。その上空を飛ぶとただ白い氷原が広がっているだけです。「なーんもない」がその場所の正しい表現になるかもしれません。しかしその南極大陸は決して「つまらない場所」ではありません。つまらないどころか、地球について数えきれないほどの情報を与えてくれます。

地球上で5万㎢以上の土地をおおっている氷の塊、塊とはいっても鏡餅の形で、南極大陸を薄皮のようにおおうのっぺりと広がった塊ですが、それを氷床と呼びます。地球上では氷床は南極氷床とグリーンランド氷床の二つしか存在していません。南極大陸の面積は日本列島の30数倍、およそ1250万㎢の広さに対し、氷床の厚さは最大でも4㎞程度です。

空からは平坦に見える南極氷床ですが、その上を雪上車で走りますと、そこは千変万化の世界です。平坦どころか表面はかなり凸凹しています。その変化は主に風によってもたらされます。風が表面の雪を削りサスツルギと呼ばれる雪のブロックが積み重なった様になっています。雪面に小さな雪の塊が転がっていると、そこから地吹雪が運んでくる雪が、畑の畝のように長く、長く延びています。

強風によって表面の雪が完全に飛ばされ、氷がテカテカに磨かれている地域もあります。裸氷帯と呼ばれるこの地域は、露出している氷が蒼く見えるのでブルーアイスとも呼ばれています。

平坦と思われる氷原表面も注意して見ると、斜面だったり、ゆったりとした丘陵のようだったりしています。すべては氷床の下の岩盤の地形を反映しているのです。

高度の低い太陽からの光は、雪面の色に変化を与えてくれます。雪面が赤や紫色に変化することもあるのです。南極氷床を楽しむには多少の観察眼が必要かもしれません。しかし見ようとする気持ちさえあれば、南極氷床は決して「つまらない場所」ではないことが理解されるでしょう。

地球上のあちこちに点在する砂漠もまた見方によっては「つまらない場所」かもしれません。茶色の砂の丘陵が続くだけなどと思ったら大間違いです。地球上になぜこんな砂丘ができたのか、その中になぜオアシスが存在するのか、ゴビ砂漠などではなぜ恐竜の化石が出るのかなど、湧き出す疑問は別にしても、そこに自然が創出した造形美だけでも十分堪能できるでしょう。そこに現れる風紋一つをとっても千変万化、砂山の稜線が一本の筋、あるいはナイフの刃のように急激に盛り上がり続く風景、これらも風が創造した自然の造形です。死の世界と思われる砂の世界にも、生命活動が存在しています。

旅慣れた人の「つまらない場所」という言葉を信じて訪れた場所が、予想に反して「とてもよかった」という経験はありませんか。その原因はその旅慣れた人と、その助言を受けた人の感性、観察力、注意力などが異なるからです。人間一人ひとり、それぞれの個性があります。それぞれ感

写真11　タクラマカン砂漠へと続く中国・敦煌付近の砂漠の風景

性が違いますから「同じ場所を見ても受ける印象はすべて異なる」のです。ですから物を見る感性や視点は、大げさに言えば、見る人の個性、人間性、教養に依存するのです。常に目的をもって人生を過ごすことによって、その人間性が磨かれ、進化を続けているのです。そんな視点で見ると地球の陸上で「つまらない場所」などはありません。「あしたの旅」は、他人の言葉に惑わされず、自分自身の感性で決めてください。必ず楽しい旅になります。

「世界の三大がっかり」があることを、ツアーで一緒になった日本人から教えてもらいました。この言葉が世界共通なのか、日本人仲間だけの言葉かは知りません。その場所とはデンマーク・コペンハーゲンの海岸にある人魚像、ベルギー・ブリュセルの小便小僧、ドイツ・ライン川に面したローレライです。

おそらくこれらの地を訪れるツアーでは、出発前から添乗員の話やパンフレットから、それぞれの像や断崖への夢が膨らんでいると思います。各人がどのような夢を膨らませたか分かりませんが、訪れた人のほとんどが「アレ？」と感じてもおかしくない場所でした。最大の理由は期待したほど像が大きくなかった、ローレライの断崖のスケールが小さかったからだと想像します。

私も二つの像は「こんなものだろう」と、ほぼ予想どおりでしたが、ローレライは聞いていた物

写真12　「世界三大がっかり」の一つ、ベルギー・ブリュッセルの小便小僧

写真13　「世界三大がっかり」の一つ、デンマーク・コペンハーゲンの人魚像

語から想像していたスケールよりは、確かに小さかったと感じました。あの程度の断崖でしたら、日本では木曽川をはじめ、多くの河川には至るところにあるように感じました。日本では平凡な風景の一つでしょう。しかし期待外れの点があり「三大がっかり」ではあっても「つまらない場所」ではありません。

「三大がっかり」に、シンガポールのマーライオンを加えて、「四大がっかり」という人もいるそうですが、この言葉も旅行者の間にどの程度浸透しているのかは、私は分かりません。ドイツ・ブレーメンの音楽隊も同じように期待したほどのものでないかもしれません。しかし、機会があればぜひ訪れ旅の面白さを感じて欲しいと思います。

2　ネパールに亜熱帯地域や釈迦生誕地

ネパールは山岳地帯の国ということは地球上の誰でもが知る知識ではないでしょうか。地球上の8000m級の高山がほとんどネパールヒマラヤに並んでいます。首都のカトマンズの標高は1300m以上の高地です。国土は緯度では北緯27度から30度に分布しています。北西から南東に細長く延び、南北の幅はおよそ300km、東西は1000kmの小さな国です。国土の面積は14・7万km²で本州を除いた日本列島とほぼ同じ、北海道の1・8倍程度です。2008年に王政が廃止され連邦共和制の国になり現在の正式名称は「ネパール連邦民主共和国」となりました。国旗は三角形が上下に二つ並んでおり、世界でただ一つ国旗が四角形ではない国です。2020年12月から国際連合では「ネパール」が正式名称と認められ、日本でもネパールが正式名称です。人口は2970万人（2019年）、多民族国家でヒンズー教（元国教）や仏教が主な宗教ですがイスラム教やアニミズム（霊魂を信じる）、さらにそれらの混合の宗教が信じられています。

国の北側は中華人民共和国チベット自治区に南と東、西はインドに囲まれています。北側はヒマラヤ山脈で山岳地帯が続いていますが、南側のインドとの国境付近は標高200m、最低地は標高70mの亜熱帯地域で高温多湿の平原地帯です。「タライ平原」、「テライ平原」または「マデス平原」などと呼ばれる肥沃の土地で、多種多様な生物が分布しています。この亜熱帯の平原から高山気候のヒマラヤ山脈へと続く地域は丘陵地帯を形成していて、上空から見れば急激に地面が高度を増していることが理解されます。

ヒマラヤ山脈には世界最高峰のエベレスト（ネパールではサガルマータ、中国ではチョモランマ）をはじめ、地球上の8000m峰のほとんどが並んでいます。その中には日本の登山隊が初登頂をしたマナスル（8163m）も含まれます。エベレスト周辺はサガルマータ国立公園に指定され、ユネスコの世界自然遺産に登録されています。カトマンズの空港からヒマラヤ山脈の遊覧飛行に飛び立てば1～3時間の飛行で、ネパールの8000m級の山すべてを望見することができます。そんな山岳地帯の国に亜熱帯地域があるとは、恥ずかしながら、私はネパールを訪れるまで全く知り

写真14　ネパール・エベレスト連峰（機上より撮影）

ませんでした。

　カトマンズの南西100〜150㎞の標高200mの平原地帯は（ロイヤル）チトワン国立公園に指定され、世界自然遺産にも登録されています。野生動物が保護され、第1章2に述べたように、ネパール観光の目玉になっています。飛行場も整備されており、カトマンズからは毎日のように定期便が飛んでいます。点在するホテルやロッジなども山岳地帯とは雰囲気が異なります。象やサイもそうですが、ネパールの川に鰐がいる、逆に鰐が住めるような河川があるなどとは行くまでは想像もしていませんでした。

　また釈迦はネパールで生まれたことも知りませんでした。カトマンズの南西250㎞のインドとの国境付近の「ルンビニ（北緯27・5度、東経83・3度）」は釈迦生誕地としてユネスコの世界文化遺産にも登録されています。紀元前3世紀、インドのアショーカ王がこの地を巡礼し、釈迦誕生の地を示す仏塔を建てたとの記録があります。ルンビニでは1992〜1994年に全日本仏教会が協力して古いマーヤー・デーヴィー寺院の発掘調査が行われました。そして寺院の中心部付近から長さ70cm、幅40cm、厚さ10cmのマーカーストーン（印石）が発見され、それは「釈迦誕生を示す標識」で、アショーカ王巡礼前に釈迦生誕地とされていたことが明らかになりました。釈迦が産湯を使ったとされる池も残され、世界遺産に登録されることになったのです。

1978年に「ルンビニ釈尊生誕地聖域計画」が提唱され、日本の建築家丹下健三（1913-2005）がマスタープランを作成し、現在もこの計画に基づき聖域の整備が進行しています。聖域内には世界各国の国名を示す「中華寺」、「ドイツ寺」、「ミヤンマー寺」などが並んでいます。国名が寺院の名前になってはいますが、政府とは関係ないそうです。

釈迦は紀元前500年ごろに付近一帯を支配していた小国のシャーギヤ族（釈迦族）の王子として生まれました。母マーヤーは隣国の実家で出産するために移動中にルンビニの花園に来たところで、脇の下から釈迦を出産したと伝えられています。その日は4月8日で、花園には花が咲き乱れており、のちの釈迦の誕生日は「花祭り」として祝われるようになりました。

釈迦の名前はサンスクリット語でガウタマ・シッダールタ、バーリ語でゴータマ・シッダッタです。北インドで活躍した仏教の開祖、仏陀です。シェッドーダナ国王の跡取り息子として城の中で大切に育てられていましたが、長じて城の外に出たとき、そこに存在する貧者、病人、老人に懐疑を抱き、修行僧になればその苦しみから脱せられると29歳で出家し、目的達成を学ぶ修行（苦行や瞑想）の旅を続けたのです。

釈迦の遺跡を仏教では四大聖地と呼んでいます。その第一はルンビニで釈迦の生誕地です。第2はブッダガヤで悟りを得た場所で成道所、第3はサールナートで釈迦が初めて説法をした初転法輪所、第4がカシアー（クシナガラ）で入滅した場所、つまり涅槃所です。

ブッダガヤ（北緯24・7度、東経85・0度）はルンビニの南東３５０kmに位置します。釈迦は35歳の時、菩提樹の下で悟りを開いたことは有名な話ですが、その地には大菩提寺が建てられています。悟りを開いた釈迦は仏陀と呼ばれ、覚者になったのです。「ブッダガヤの大菩提寺」もまた世界文化遺産に登録されています。

サールナート（北緯25・4度、東経83・0度）はルンビニの南２２０kmに位置し、付近に鹿が多いことから「鹿野苑」と呼ばれ、遺跡公園になっています。付近の大都市ヴァラナシ（ベレナ）では、死者はここで火葬されその遺灰を、その地を流れるガンジス川に流してもらえば解脱できるというヒンズー教最大の聖地です。

カシアー（クシナガラ）（北緯26・7度、東経83・9度）はルンビニの南東１３０kmにあり、釈迦はこの地の沙羅双樹の下で80歳で入寂しましたが、その「入寂の地」として涅槃像が残されています。このように生誕地こそネパールですが、釈迦の伝導、教化の活動はインド北東部のヒンドスタン平原で、そこにはガンジス川が流れています。

3　アフリカに人類遺跡を訪ねる

アフリカ大陸は日本からは遠い存在ですが、日本人にとっては子供のころから興味を抱いた冒険の国、動物天国とのイメージを持っているのではないでしょうか。第二次世界大戦直後、昭和20年代（1945～55年ごろ）の日本は戦後の混乱期で、貧乏な時代でした。その時代に小学生、中学生だった世代はアメリカ映画「ターザン」に魅せられ、アフリカを知り、その地に大きな夢を持った世代です。その地を訪れることなど想像すらできない時代であり世相でしたが、夢が膨らむ大陸でした。

ターザンは白人の野生児で、どうしてそうなったかは忘れましたが、アフリカの熱帯雨林の中で自然を相手に活躍していました。どこかのホテルでシャワーを使わせられ「スコールだ」と喜ぶ風景が印象に残っています。猛獣との格闘や鰐の口を両手で力強く開いて身を守るなど、子どもたちの冒険心を駆り立てました。私はターザン映画からアフリカ大陸は熱帯雨林におおわれた大陸と考えていました。

したがってピラミッドやスフィンクスのあるエジプトは、アフリカにあるのに何で乾燥しているのかも不思議でした。しかし、その後、その知識は間違っていることを知ることになりました。ア

写真15 エジプト・ギザのピラミッドとスフィンクス

フリカは熱帯雨林の大陸ではなく、むしろ背の高い草原のサバンナ（サバナ）気候、背の低い草原のステップ気候、さらに乾燥した砂漠の大陸でした。熱帯雨林の地域は狭く、多くは草原で、雨季と乾季があり、そこに多くの動物が住んでいる大陸なのです。

アフリカ大陸のほぼ中央に赤道が位置しています。その赤道付近のコンゴ共和国、中央アメリカ共和国、カメルーン共和国などのコンゴ盆地の一帯が熱帯雨林気候です。その南北両側には、サバンナで雨季にだけ雨が降り丈の高い草が茂り、低木も点在する熱帯草原です。

さらにその北側と南側には、より雨が少なく丈の低い草が茂り、低木も少ないステップ気候の草原地帯となります。そしてサバンナやステップ気候の地帯が動物の宝庫となっています。

その外側は乾燥気候の砂漠地帯となります。北側にはサハラ砂漠、さらにその北側にはアトラス山脈が並び地中海をはさみヨーロッパへと続きます。サハラ砂漠の東側、アフリカ大陸の北部はリビア砂漠からエジプト・アラブ共和国の乾燥地帯が続いています。

南半球側ではボツワナ共和国やナミビア共和国にかけカラハリ砂漠やナミブ砂漠が広がっています。このようにアフリカ大陸は熱帯のジャングルのイメージの地域は極めて限られているのです。なぜアフリカ大陸に乾燥地帯が生まれたのでしょうか。少なくとも過去100～200万年前に地球上では何回かの氷期と間氷期が繰り返されています。氷期には乾燥し砂漠が増え、間氷期には降水量が多く森林拡大が続いた結果と考えられています。

草原地帯には、アフリカではゾウ、ライオン、バッファロー、サイ、ヒョウが生息し、「ビッグファイブ」と呼ばれています（写真48）。ビッグファイブに加えキリン、カバ、シマウマ、チータなどの大型動物、多くの鹿の仲間など、大小の動物が生育しています。中央地域のケニア、タンザニア、南部の南アフリカ共和国やボツワナ共和国などが、動物を見る観光の中心地域になっています（第6章15参照）。

アフリカの観光については第6章でもふれていますが、エジプトのピラミッドや古代遺跡、サバンナで動物を見るサファリなどが一般的です。

赤道直下に位置しながらアフリカ大陸に氷河が存在することを知る人も、多くはないようです。イギリスの文豪アーネスト・ヘミングウェイ（1899-1961）が1936年に発表した『キリマンジャロの雪』で知られるようになったと思いますが、ほぼ中央のタンザニアにはアフリカ大陸最高峰のキリマンジャロ（5892m）が位置しています。キリマンジャロは火山で、山頂には噴火口もありますが、全体が万年雪におおわれ、その万年雪は氷河になっています。南緯5度付近、ほぼ赤道直下で氷河が存在し、年間を通じて山頂付近に白く雪や氷が見えるのがキリマンジャロです。近年は氷河が小さくなったと心配する声が聞かれます。現地でガイド、ポーター、コックら少なくとも3名を雇い、入山料を払い6、7日間かけて登るのが、一般的なキリマンジャロ登山です。5000mを超す高山としては登りやすい山です。

アフリカ大陸は「暗黒大陸」と呼ばれていました。内陸地域はほとんど知られておらず、文明も遅れていたからです。長い間、アフリカは奴隷制度にむしばまれてきました。7～20世紀、1800万人もの奴隷がアラブ世界へ売られ、サハラ交易、インド洋貿易に使役されていました。大航海時代に入るとヨーロッパ列強がアフリカに進出、金やダイアモンドなどの鉱物資源やカカオのような特産品が目的で、アラブ諸国との交易路が形成されていきました。奴隷交易は新世界アメリカへの貿易の場となり、15～19世紀の500年間で700～1200万人が奴隷として輸出されたのです。アフリカの港町に行くと、ここに奴隷が集められ売られていったとの話を聞くことがあります。現代には関係ない話でも心が痛みます。1820年以降奴隷制度は廃止されました。ベルギーのチョコレート産業も、オランダのダイアモンド加工技術もアフリカの植民地からの供給があって初めて達成されたのです。

1960年は「アフリカの春」と呼ばれ多くの国が独立を果たしました。独立した国々の国境は、現地の事情に関係なく、経緯度線に沿って決められ、現在でも民族間の紛争の原因になっています。1963年5月、独立したアフリカ各国はアフリカ統一機構を形成しました。この組織は2002

年にはアフリカ連合となり本部はエチオピアのアジスアベバに置かれ、貧困からの脱出、環境破壊、エイズの撲滅などアフリカ各国の共通の課題に対処しています。アフリカ連合加盟のアフリカ国は現在西サハラを入れて55の国と地域です。

アフリカ大陸は日本からは遠く離れてはいますが、実はユーラシア大陸とはスエズ地峡をはさんで陸続きでした。現在でこそスエズ運河によってアフリカ大陸とユーラシア大陸に分かれていますが、アフロ・ユーラシア（大陸）とも呼ばれ地球上最大の陸塊です。

人類はアフリカ大陸で生まれ、ユーラシア大陸から地球上の南極以外の5大陸に広がっていったと考えられています。南アフリカ・ヨハネスブルク北部には700万年以上古い人類の化石や生存の証拠が残されています。この南アフリカの人類化石遺産群は「スタルクフォンテイン、スワルトクランス、クロムドライおよび周辺の人類化石遺跡群」として、1999年に世界文化遺産に登録されました。

400万年前から100万年前に南アフリカやアフリカ東部のエチオピア高原で人類の祖先になる猿人は急速な進化を遂げたようです。サバンナ生態系の中でいくつかの化石が発見されています。それらの猿人は「アウストラロピテクス」と呼ばれています。そんな中でさらに大きな発見がタンザニア北部でなされました。

ケニアでイギリス宣教師の子供として生を受けたルイス・リーキー（1903-1972）は、少年時代から石器や化石に興味を持ち、収集していました。イギリスで教育を受けた後、アフリカに戻り、ケニアやタンザニアなどで石器や化石の収集を続け、古人類学者としての地位を築いていました。

リーキーは1959年タンザニアの北部セレンゲティ国立公園西に位置するオルドバイ峡谷で、何枚もの火山灰が積み重なった地層から、猿人の完全な頭蓋骨を発見しました。この化石は180万年前のものと推定され「ジィンジャントロプス」と命名されました。ただしこの化石は後日アウストラロピテクスの一種と断定されています。

さらに1960年、同じ地域から脳の大きさがそれまでより1・5~2倍で、はるかに人間らしい化石を発見し、「最初の人」と考えられ「ホモ・ハピリス（器用な人）」と命名されました。猿人と原人をつなぐ重要な発見です。この発見によりリーキーはアフリカにおける人類の進化の解明に偉大な貢献をしました。そしてオルドバイ峡谷はその大発見の場です。人類はこの地域で発生し、ユーラシア大陸を経て、各大陸へ広がっていったのです。その「人類の原点の場」が見られるのです。

4　四聖人の遺跡を訪ねる

歴史上の四聖人は釈迦（ガウタマ・シッダールタ・紀元前6世紀前後の人）、孔子（紀元前552か

図１　４聖人の生誕地

５５１～紀元前４７９）、ソクラテス（紀元前４６９年ごろ～紀元前３９９年4月27日）、イエス・キリスト（紀元前4～30年4月3日）です。釈迦、孔子、ソクラテスはほぼ同じ時代の今から２５００年前、イエス・キリストは２０００年前に活躍した人です。

釈迦は仏教の孔子は儒教の開祖ですし、ソクラテスはギリシャの哲学者で倫理学を開いた人、イエスはキリスト教の始祖あるいは救世主です。４名とも著作は残していません。釈迦は多くの経典で、孔子は論語で、ソクラテスはプラトンによって、キリストは新約聖書として、その考えや主義主張などが残され、今日に伝えられています。

釈迦は悟りを得て人々の苦悩を救おうとしましたが、その考えは死後に多くの年月を経て弟子たちが「私はこのように聞いている」、「私はこのように理解している」として経典が作られたのです。

一説にはその経典の総数は7千余巻だそうです。その行動範囲は第5章2で述べました。

孔子の弟子の総数は3000人以上と言われますが、その弟子たちと交わした問答や行動を記録したのが『論語』です。孔子の死後、弟子たちによって編纂されましたが、「子曰く」ではじまる数々の明言は、少なくとも江戸時代から多くの日本人が学んできました。

なかでも

「子曰く、吾十有五にして学に志す。

三十にして立つ。四十にして惑わず。

五十にして天命を知る。六十にして耳順《したが》う。

七十にして心の欲する所に従いて矩を踰《こ》えず」


は孔子の人物像を著した文章です。

孔子は魯（現在の山東省曲阜（チュイフー））で生まれ、成人して魯国に仕えましたが、受け入れられず、諸国を遍歴し、人々と対話を重ね、そのうちの何人かは弟子となり、その言行録が『論語』に昇華されたのです。

孔子を中心に歴代儒者を祀った孔子廟は生地の曲阜をはじめ中国全土にありますが、日本でも東京の湯島聖堂、日本最古の学校とされる栃木県の足利学校、岡山県の閑谷学校、長崎県の長崎孔子廟など、多くの孔子廟が残されています。

山東省では泰山が世界自然遺産に登録されています。泰山は道教の聖山とされ、主峰の玉皇頂（１５２４ｍ）へは７０００段の石段をひたすら登ることになります。

曲阜は泰山の南およそ１００㎞に位置し、孔廟、孔林、孔府が残ります。孔廟と呼ばれている孔子廟は、孔子の死後１～２年で建設され最も古い孔子廟です。孔林は孔子と10万人を超える子孫の墓地、孔府は孔子と子孫の居住地跡で、ともに子孫によって守られてきました。そして現在は孔廟、孔林、孔府はまとめて世界文化遺産に登録され、一大観光地になっています。一度は訪れたいと考えていますが、山東省は私にとって中国の中では比較的行きにくい場所で、まだその機会はありません。

ソクラテスも著書はなく、その教えはプラトンらの弟子たちによって叙述されました。ソクラテスは自説を伝えるべく努力しましたが、その考えはアテナイ市民には受け入れられず、裁判にかけられ、死刑を宣告され最後は自ら毒杯をあおったとされています。その裁判でソクラテスが弁明をする姿を描いたのがプラトンによる『ソクラテスの弁明』です。

「ソクラテスの妻は悪妻だった」という逸話があります。そしてこの逸話は「結婚して良妻に恵まれれば最高の幸せ、悪妻なら哲学者になれる」と解釈されていますし、ソクラテス自身がそのように話したとの説もあります。ソクラテスにはクサンティッペとミュルトの二人の妻がいたそうですが、悪妻と云われるのはクサンティッペです。彼女は小言や愚痴の多い人だったようです。当然ソクラテスは相手にせず水車の音を聞いているように聞き流していたそうで、その自分を無視する態度に逆上した妻は、さらにヒステリックになり水をかけたとの逸話も残っています。

ソクラテスの命日の4月27日は「悪妻の日」だそうです。ヨーロッパには三大悪妻という話があります。三大悪妻の一人は勿論ソクラテスの妻クサンティッペです。2番目はモーツアルトの妻コンスタンツェです。彼女はモーツアルトの死後、楽譜を売却したり、再婚したことで評判を落としたようです。3番目はトルストイの妻ソフィアです。晩年トルストイは自分の全財産を貧しい人たちに分け与えるようになっていました。ソフィアはその行いに対処してトルストイの財産を守ろうとしたことが、悪妻説になったと言われています。彼の死後は、むしろ良妻の評価を受けていたようです。

悪妻からのがれるためかソクラテスは毎日のようにアテネのアクロポリスの丘の近くの靴屋の店先で思索にふけっていたと伝えられています。私はその場所を歩いて、哲人を偲びたいと、パルテノン宮殿から出て、右手方向へとアクロポリスの丘の中腹、博物館の下あたりを半周し、さらに古代アゴラあたりを歩いてみました。靴屋があったとしてもどこにあったのか何の情報もありませんが、とにかく往時の哲学者に思いを馳せながら歩いてみました。ただそれだけです。しかし、私の心は何となく満ち足りた気分になりました。

イエスは現在のイスラエルの首都エルサレムのすぐ南に位置するベスレヘムの馬小屋で生まれたとされています。エルサレムの北およそ２００㎞のパレスチナのナザレで成長しましたが、その成長過程の記録は定かでないようで、謎に包まれています。30歳になったとき家族から離れヨルダン川でヨハネから洗礼を受けました。

その後イエスはヨルダン川や南の死海の西側に広がるユダの荒野で荒行を行い、神の子としての証を得て、救世主としての伝導を開始しました。イエスの伝導活動は北のガリラヤ湖から南の死海に通じるヨルダン川の西側地域で、エルサレムにも何回か訪れていました。

ユダヤ教とは異なる独自の考えを示し批判したことから、イエスに対する弾圧がはじまりました。イエスの弟子のうち中心的な役割を担ったのが十二使徒ですが、その一人のユダの裏切りで、イエスは裁判にかけられ、十字架で磔の刑に処せられました。

十字架にかけられた人の遺体はその日のうちに処理されねばならず、弟子のヨセフは亜麻布を購入しイエスの遺体を包み墓に埋葬し、その入り口を石でふさいだとされています。

イエスの亡骸を包んだ布には、血痕が付着し埋葬時の姿が映し出されておりイタリア・トリノの聖ヨハネ大聖堂に保管されているそうです。このような聖遺物はその真偽は別にして多くの教会に保存されています。イエスを突き刺した、あるいは死を確認したとされる「ロンギヌスの槍」（写真46）も聖槍としていくつかの教会に保存されています。その一つについては第6章13に述べてあります。

イエスが逮捕され、裁判を受け、死刑を宣告され、最後に人々の罵りを受けながら十字架を背負い歩いたというヴィア・ドロローサ、そしてたどり着いたゴルゴダの丘の上で、磔の刑に処せられ、埋葬されたというエルサレムに、私は高校生のころから興味を持っていました。イエスが処刑され埋葬されたゴルゴダの丘には聖墳墓教会が立っているそうです。そのエルサレムを人間として一度は見ておきたいと願っていますが、すでに述べたように、私はまだその機会がありません。

イエスが活動したパレスチナ地域は第二次世界大戦終了当時、イギリスの委任統治下にありました。ナチスの迫害から生き延びたユダヤ人たちは「自分たちの土地」としてパレスチナに集まり、そこに住んでいたアラブ人との間に、激しい争いが起こりました。1947年、発足したばかりの国連はパレスチナ地域をユダヤ国家、アラブ国家、国連関連管轄地区に3分割しました。この提案をユダヤ人は受け入れましたが、アラブ側は拒否しました。

1948年5月14日、イギリスによる統治期間は終了し、テリアビブでイスラエルが独立を宣言しました。しかしアラブ諸国はこれを認めず、以後今日までイスラエルとアラブ人の住むパレスチナ自治地区との間には、争いが絶えません。

イスラエルやパレスチナ自治地区にもいくつかの世界文化遺産が登録されています。キリスト教、ユダヤ教、イスラム教の教区が狭い地域に相い接しているエルサレムは、現在は様々な民族が暮らしているようです。お互いの民族が和解し、だれでもが安心して訪れることのできるイスラエル（エルサレム）になって欲しいし、その時が一日も早く来ることを願っています。

それにしても四聖人のうち、天寿を全うしたと推定できるのは釈迦と孔子です。墓地も残されています。ソクラテスとイエスはその主義主張が当時の為政者たちには受け入れられず、裁判にかけられ死刑を宣告されました。ソクラテスは裁判では死から逃れる方法もあったのに、自説は曲げず、死刑を宣告されると自らが毒杯をあおり、亡くなったと言われています。享年70歳は当時としては、長寿だったかもしれませんが、天寿は全うできませんでした。墓も定かではありません。

イエスの死は30歳前半、当時でも早すぎる死だったでしょう。そして裁判で死刑が宣告され磔の刑に処されたという、釈迦や孔子との違いは何なのでしょうか。東洋の二人の聖者は天寿を全う、西洋の二人はいずれも裁判での処刑、マイルドな東洋、シビアな西洋の考え方の根本的な違いがあるのでしょう。なお現在のイスラエルやパレスチナは地理的には東洋に入るのでしょうが、当時は完全にローマに支配されていましたから、すべては西洋の思想に支配されていたと推定されます。

このようにエルサレムへの訪問は宗教の根源、人間の本質に迫る知識が得られるのではと期待しているのです。

5　地球最古の姿と三大滝

地球上最古の姿を残すのがエンジェルフォールのあるギアナ高地です。ギアナ高地の大部分はベネズエラ・ボリバル共和国に属し、エンジェルフォールを含む中心地域一帯がカナイマ国立公園に指定されています。国立公園は広大な人跡未踏の地を含む密林の秘境です。その国立公園の北西端に位置するのがカナイマで、飛行場こそありますが世界の秘境の入り口にある村です。

ギアナ高地は先カンブリア時代のおよそ20億年前に形成された台地が侵食され、頂上が卓状に広がる大きな台地が形成されました。このような卓状台地はテーブルマウンテン（現地では「デブイ」）と総称され、デブイがあちこちに独立して存在しています。エンジェルフォールのあるアウヤンデブイは「悪魔の山」を意味し、標高2000m前後の平坦な地形が700㎢の広さで、ギアナ高地最大級の卓状台地です。点在する卓状台地はそれぞれ他の地域とは隔絶しているので、そこに生息していた生物は固有の進化を遂げ、「陸のガラパゴス」と呼ばれています。

エンジェルフォールはこの卓状台地上を流れてきた川が、979mの高さから落下しているのです。三大瀑布に比べると川幅は季節によって異なりますが広くても数十m程度で、高さが1000m近いのです。落下する水は途中で飛散してしまいますので滝壺はありません。発見者の名前から「エンジェル」と英語で発音されていますが、地元ではスペイン語読みで「アンヘル」です（第3章5参照）。

エンジェルフォール観光はカナイマから始まります。カナイマにはベネズエラ内の大きな町から小型機で飛ぶことになります。カナイマ到着の前にアウヤンデブイをはじめ周辺のデブイやエンジェルフォールを空から眺めます。滞在中に改めてギアナ高地を空から眺める遊覧飛行ができます。そして、帰路もギアナ高地を遊覧したあとに、目的地に向かいます。

私は滞在中の2時間ぐらいの遊覧飛行でギアナ高地を満喫しました。平坦に広がる台地は20億年前から存在続けていると考えただけで、その姿を見られたことに感謝し、感動し涙がこぼれました。２０００ｍの台地が見渡す限り続く有様にただ感激するばかりでした。

遊覧飛行ではエンジェルフォールの落ち口に接近して、流れが落下する有様を上から横からつぶさに見ることもできました。台地上の川幅は広くなく、水量の多い時でもそれほど滝幅は広がらず、悠久の流れを続けています。下から見上げても、上から見下ろしても、１０００ｍの高さは、落下途中で飛散してしまう水の姿から実感させられました。

カナイマの集落周辺にもいくつかの滝が点在しています。落差は10ｍ程度の滝が多いですが、日本なら「裏見の滝」と呼べるような滝もあります。岩の間から落下しているような滝でも、水温が高いのです。これらの流れの源はデブイにあり、デブイで流れていた水が岩の隙間などを通過して村まで流れてきているのです。岩の隙間から流れ出した、湧き出したと見える流れも、実はデブイで長時間流れており、熱帯の太陽に照らされていたのです。

ギアナ高地やエンジェルフォールとともに「世界の三大瀑布」は訪れる価値のある場所です。「ナイアガラ滝はアメリカ大陸を象徴する大自然」と小学生時代に習いましたが、それを上回っているのが、南アメリカのブラジル・アルゼンチン国境にあるイグアス滝やアフリカ・ジンバブエとザンビアの国境にあるビクトリア滝でした。ナイアガラ滝はアメリカとカナダの国境にあり、「世界の三大瀑布」すべてが国境に位置しています。

三大瀑布のうち日本からはナイアガラ滝が一番近いです。北アメリカ大陸北部の五大湖は氷河によって岩盤が削られた窪地に水が溜まった氷河湖です。その南東に位置するエリー湖から流れ出たナイアガラ川は北東側に位置するオンタリオ湖へと流れ込み、最後はローレンス川となって北東に流れ大西洋へと注いでいます。ナイアガラ滝はナイアガラ川のほぼ中央に位置しています。

川が国境で西側がカナダのオンタリオ州、東側がアメリカ合衆国のニューヨーク州です。滝の両側にはナイアガラフォールズ市があります。カナダ側もアメリカ合衆国側も同名の二つの街です。滝の北東側には両市を結ぶ長さおよそ４００ｍのレインボー橋が建設されています。歩いて渡ることができますが、国境を超えるので両側に税関があり、パスポートが必要です。

ナイアガラ滝は川の中央に位置するゴート島により南西側のカナダ滝と北東側のアメリカ滝に分かれます。アメリカ滝側にはゴート島とその北東側にある小さなルナ島の間に幅15ｍの小さなブライダルベール滝が落ちています。

カナダ滝は侵食により馬蹄形をしておりホースシュー滝とも呼ばれます。落差56ｍ、川幅６７５ｍ、アメリカ滝は落差58ｍ、川幅３３０ｍです。

滝壺近くまで接近できる観光船は「霧の乙女号」と呼ばれ、船内でカッパを借りることができますが、楽しむためには相当濡れる覚悟が必要でしょう。カナダ側、アメリカ側どちらにも乗り場があります。滝全体の観光、滝を一望できるのは断然カナダのナイアガラフォールズ市です。川沿いには観光に適した公園やホテルが並んでいます。

近くの国際空港はカナダ側がトロント、アメリカ側ではバッファローです。

写真16　カナダとアメリカ国境のナイアガラ滝

距離的にはビクトリア滝がやや近いかもしれませんが、イグアス滝ともども、日本から見ればほぼ地球の反対側です。ビクトリア滝へは少なくとも2回、飛行機の乗り継ぎが必要です。南アフリカのヨハネスブルグ経由でジンバブエのビクトリアフォールズ市を観光の起点にするのが便利です。ホテルも多くジンバブエ側からの滝見物に加え、ザンビアのリビングストン市には徒歩でザンベジ川に架る国境のビクトリアフォールズ橋を越えて行けますので、ジンバブエ側の右岸からばかりでなく左岸側からも滝を見物できます。ザンビアへの日帰り旅行ですが、観光客が集中したりしていると、入出国の審査に時間がかかります。数時間前に通過した国境ですから問題はないのですが、そこはアフリカ流で人が多いといろいろ問題が起き、関係ないはずの人まで巻き添えになってしまいます（第

4章7参照)。

ビクトリア滝はイギリスのリビングストンにより1855年に発見され命名されました。現地では「モン・オ・トゥニァ(雷鳴響く水煙)」と呼ばれ、最大の水量を誇ります。ビクトリア滝はアフリカ大陸南部を北西から南東に流れインド洋に注ぐ、ザンベジ川の中流部に位置します。滝の付近では川は大きく蛇行しながら南北に流れています。川幅は2km、高度差は108mです。滝はほぼ東西に横たわり、その水煙は数km離れても確認されます。滝の南側に建設されている長さ約100mのビクトリアフォールズ橋の中央には、バンジージャンプの施設も設置されています。

橋を渡った先はザンビアのリビングストン市です。滝見物はもちろんですが、川辺には「デビルズプール」と呼ばれる流れが穏やかな場所があります。その穏やかな水に入り岩一枚で隔てられた滝壺をのぞけるのです。スリルがあり、滝付近に現れる虹を見る絶好の場所でもありますが、毎年事故も起きているようです。

滝見物はジンバブエ側、ザンビア側の両側から見ることを勧めます。ジンバブエ側の滝の落下口では水しぶきで、ずぶ濡れになる覚悟が必要です。多くの人がカメラを水浸しにします。滝の全貌を理解するためには、ヘリコプターで遊覧飛行をするのが最高です。多くの日本人にとっては数少ない機会ですから、余分な出費にはなるでしょうが、滝ばかりでなくアフリカの姿を知ることのできる良い機会です。

ビクトリアフォールズ市からボツワナのチョベ国立公園への日帰りサファリツアーも定番のよう

写真17　アフリカ・ジンバブエとザンビア国境のビクトリア滝。右下がビクトリアフォールズ橋（ヘリコプターからの撮影）

です。陸上ばかりでなくボートサファリも組み込まれており、川を渡る象の群れや、寝そべるカバの群れ、獲物を待つワニの姿なども楽しめます（第6章15参照）。

　アフリカ南部まで来たのですから南アフリカのケープタウンまで足を延ばすことを勧めますし、ツアーならそのような旅程が組まれているはずです。

　南アメリカ大陸のイグアス滝へも日本からは少なくとも2回以上飛行機を乗り継ぎ、30時間以上かかります。ブラジルのサンパウロからイグアス滝へ飛ぶのがよいです。イグアス滝はブラジル、アルゼンチンの境界にありパラグアイにも接しています。

　イグアス滝はブラジルとアルゼンチンの国境を形成して熱帯の密林を流れるイグアス川が、パラナ川と合流する手前にあります。パラナ川はパラグアイとブラジル、さらにアルゼンチンとの国境を形成しながら南に流れ、ラ・プラタ川と合流して大西洋に注いでいます。

ジャングルの中に現れた突然の段差で大小無数の滝が出現しました。「イグアス」は「巨大な水」を意味し、最大幅は４km、落差10ｍから最大落差80ｍの大小無数の滝が2段、３段に連なっています。滝の数も見かた、数え方によって異なりますが２７５本が公式の数字とされています。三大瀑布の中では一番趣の異なる滝です。

滝の80％がアルゼンチン側、20％がブラジル側になります。どちら側にも遊歩道や展望台があり、滝の西側にある「協調の橋」を通って2国間を自由に往来して、滝を見物することができます。滝の周辺には遊歩道が整備され、滝の上まで木道が延びているので、濡れるのを覚悟すれば丸一日見ていても飽きないです。むしろそのくらいの余裕を持って見る価値があるのです。

パラナ川との合流地点には三国国境点の標識があります。この合流点から20km北のパラナ川にはブラジルとパラグアイが合同出資して、幅４００ｍ、深さ60ｍの地点で、世界一のダムの建設が１９７５年に計画されました。イタイプーと命名されたこのダムは１９８2年に完成しました。最大発電能力は日本の黒部第四ダムの40倍と言われています。このダムの見物も可能で、記念博物館では「ダムができるまで」の映画が上映されています。

イグアス滝も遊覧飛行で見る機会があれば、その印象はさらに深く刻まれることでしょう。ビクトリア滝よりも更に広く、遊覧飛行では熱帯ジャングルの雄大な景色が見られますので、お勧めです。南アメリカ大陸の南の方まで来たのですから、パタゴニアまで足を延ばすことも視野に入れるとよいでしょう。

写真18　南アメリカ・ブラジルとアルゼンチン国境のイグアス滝

図２　世界三大瀑布とエンジェルフォール

6 地球上最後のフロンティア

旅行好きの人で、中・低緯度の地域はほとんど行ったのであとは、極地に行ってみたい、南極以外の大陸はすべて訪れているので、最後にどうしても南極の地を訪れたいと希望する人にときどき出会います。北極や南極は20世紀の前半までは、探検の世界でした。南極大陸のほぼ正確な地形図が完成したのは、1970年代になってからです。

20世紀の後半に入ると北極や南極は冒険の世界でした。北極海の氷の上を歩いて北極点までたどり着く、南極大陸の沿岸から南極点まで歩いて行くことが流行しました。その頃になると南極も北極もその姿はほとんど解明され、探検の時代も終わっていました。そんな背景のもと20世紀の終わりごろから大衆化してきたのが、北極や南極への団体旅行です。それまでは興味のある人が、自分で計画を立て訪れていた地域に、旅行会社が企画したツアーに参加すれば、苦労することなく訪れることができるようになったのです。当然その地は中・低緯度の地域とは自然環境も気候条件も異なります。しかし人々は、それまでの旅行では経験することのできなかった自然を求め、その厳しさを伝えられても、臆することなくその旅へ参加するようになっていました。

北極や南極を極地と総称します。「北極」はいろいろな意味に使われます。その第1は「北極点」

を意味します。北極点は地球の自転軸が地球表面を突き破る2点のうち、北半球で見える北斗七星のような星座が反時計回りに見える点です。逆に南半球で見える南十字星のような星座が時計回りに見えるのが南極点になります。

地球上のあらゆる場所は、緯度と経度で表せます。しかし北極点は「北緯90度」、南極点は「南緯90度」と緯度だけでその場所を示すことができる特異点です。

磁石の指す北方の極を「磁北（極）」、地球の磁場モデルの北の極を「北磁（軸）極」と呼びますが、それぞれを北極と呼ぶこともあります。同じように「南極」も南極点のほか「磁南（極）」、「南磁（軸）極」を意味することもあります。

また「北極地方」や「北極地域」をただ「北極」と呼ぶこともあります。南極も同じです。では、その「北極地方」は地球上のどこなのでしょうか。北極地方を「森林限界の北側」あるいは「ツンドラの南限より北側」と定義することがあります。中緯度から北緯80度付近まで陸地のある北極には適用できる定義ですが、独立した大陸である南極には通用しない定義です。「南極大陸」や「南極地方」はしばしば「南極」と呼ばれることがあります。

そこで北極、南極に共通する普遍的な定義として、極地は「緯度66・5度より高緯度の地域」と定義します。「北緯66・5度の北極圏」あるいは「北極圏以北の全域」を「北極」、同様に「南緯66・5度の南極圏」または「南極圏以南の全域」を「南極」と呼びます。このように定義しますと極地では少なくとも一年に一日は「一日中太陽が沈まない日」あるいは「一日中太陽が出ない日」

が出現します。「一日中太陽が沈まない日」を天文学的には「夜の無い日」、「一日中太陽の出ない日」は「極夜」と呼びます。

一日中太陽が沈まない時期を、ノルウェーやフィンランドなどヨーロッパの北の国々では「真夜中の太陽」とも表現します。この夏の季節は夜も暗くならず真夜中でも明るいです。太陽が地平線下に沈んでも夜暗くならない時期を「白夜」（ハクヤあるいはビャクヤ）と呼びます。日本のメディアの人でも、真夜中の太陽を見ながら「白夜」を連呼する人がいました。しかし、これは間違いです。太陽が出ているのですから暗くならないのは当たり前です。「夜の無い日」や「極夜」があるのが極地の特徴の一つです。

同じ極地でも北極と南極では大きな違いがあります。北極の中心は北極海、南極の中心は南極大陸、地球の両極は海と陸の違いがあります。北極海は表面こそ厚さ数mの海氷におおわれていますが、その下には海水があります。海水が氷になる温度はマイナス１・９℃です。ですから北極海は年間を通しマイナス１・９℃より暖かい海水が存在し、それが地球表面を温める働きをしています。

南極大陸の上には積もった雪が氷となって堆積しています。南極大陸の上の氷を南極氷床と呼びます。第5章1で述べたように、氷床は5万㎢より広い地域を覆う氷塊と定義され、地球上には南極氷床と北半球にグリーンランド氷床があるだけです。グリーンランド氷床の体積は南極氷床のたった９％です。ですから南極氷床はその上の空気を十分に冷やします。その結果、南極で観測された最低気温はマイナス90℃に近く、北極ではマイナス70℃、平均気温も南極がマイナス50℃程度なのに対し北極はマイナス30℃、同じ極地でも南極のほうが北極より気温が20℃ほど低いのです。

オーロラ観賞は日本人にとっては極地観光の大きな目的のようです。オーロラは光の現象ですから、夜が暗くならなければ見えません。オーロラ観光の季節は冬になります。南極へは冬は行くことができませんので、オーロラ観光は北半球の冬、11～3月ごろに、アイスランド、グリーンランド、スカンジナビア半島北部、カナダ北部を通るオーロラ楕円帯の地域を訪れることになります。

オーロラは地上100km前後の高さに出現します。太陽活動が活発な時期は動きが激しく、色彩に富んだ光のシンフォニーが楽しめます。近年はオーロラ活動を予測するアプリも開発され、だれでも使えるようになっています。ですから日本出発前には、オーロラ活動の度合いの情報は十分に得られます。

しかしオーロラの乱舞する高さのはるか下、地球表面から10kmほどの高さまでの対流圏では雲が発生します。いくらオーロラが活動していても、下に雲があればオーロラを見ることはできません。私は日本からオーロラ観光に行くなら、冬の空気が乾燥していて、晴天率の高いカナダ北部に行くことを勧めています。イエローナイフはその推奨地の一つです。しかし、1月ごろは気温がマイナス40℃以下の日が続き寒いです。しかし、数日間滞在すれば、ほぼ確実にオーロラは見られるでしょう。

北極点は北極海の中にありますが、その点は夏でも海氷におおわれています。そこで耐氷能力のある観光船で北極点を訪れるツアーがあります。観光船は北極点近くまでくるとGPSで北極点の位置を正確に決め、その点に目印の旗を立てます。観光客は船から降り歩いてその旗まで行き、記念写真を撮ったり、旗の周囲を回ってお決まりの世界一周（すべての経度線を横切る）をしたりして、北極点を実感します。

北極圏内で気軽に訪れることができる陸地は、グリーンランドとスバールバル諸島です。いずれも日本からもツアーが出ていますので、それに参加するのがベストでしょう。20世紀中ごろから1990年ごろまで、グリーンランドは東西冷戦の前線基地でした。国際的にはグリーンランドはデンマーク領ですが、沿岸地域の岩盤が露出している地域に、アメリカがソビエトに向けてミサイル基地を設けていました。ソ連崩壊により冷戦も終結、基地のあった地域も解放され、軍の施設だった建物がホテルに改装されたりしています。

グリーンランドで何を見るのか、それは氷河地形、グリーンランド氷床、大型動物の三点セットです。訪れる街は氷河が削ったU字谷の底に広がっています。U字谷の壁に作られた道をゆっくりと数十mの高みに昇れば、平坦なグリーンランドの風景が広がります。付近の観光は四輪駆動車ですが、グリーンランド氷床の一端に立つことができます。南極氷床と比べれば、大きさ（面積やその上の氷の量）はたった9%程度ですが、見渡す限りの氷原は日本では見られない光景です。ドライブの途中ではジャコウウシやカリブーなどが、わずかな草を食んでいる光景が見られます。グリーンランドの沿岸の街へは、デンマークやフィンランドから航空路が開設されています。

スカンジナビア半島の北端から北へ1000kmの地点に横たわるのがスバールバル諸島で、その最大の島スピッツベルゲン島をはじめ五つの大きな島と数多くの小島からなる群島です。首都機能のあるロングイヤビーンを中心に3500人のノルウェー人とロシア人が居住しています。

1920年に締結されたスバールバル条約により主権はノルウェーに与えられ、同国の主な法律はスバールバル諸島にも適用されます。しかし、ノルウェーの領土ではありませんのでノルウェー国民は、スバールバル諸島に本籍を置くことはできません。島に付属した選挙権も被選挙権もなく、本土の本籍地へ帰って投票しなければなりません。

スバールバル諸島は捕鯨基地として利用されていました。また多くの探検家がこの地から北極探検に出発しました。現在でもロシアとノルウェーによって良質の石炭が採掘されています。

スピッツベルゲン島の北西端のニーオルスンには国際科学村が建設されています。スバールバル条約に加盟している日本は、研究活動の自由が保障されており、極地研究所が研究施設を設け、独自の調査研究や各国との共同研究を実施しています。

スバールバル諸島もほとんど氷冠とか氷帽と呼ばれる氷塊におおわれており、露岩地域は狭いです。その観光は船で訪れるのが無難だと思います。ノルウェーのどこかの港から乗船し、船内に宿泊、ニーオルスンやロングイヤビーンなどの目的の場所に着くと上陸して観光することになります。船の上からも氷山や海氷、さらには氷におおわれた島の姿を見ることができます。上陸すれば草を食むカリブーはすぐ目に入るでしょう。運がよければ白熊にも出会えます。陸上にもいますが海氷の上にいることもあり航海中でも見ることができるかもしれません。ニーオルスンに滞在している

写真19　1974年頃の南極点。南極氷床は年10mほどの速さで移動するので、南極点付近の風景も年々少しずつ変わる

調査隊は、野外に出るときは白熊への遭遇に備えライフル銃の携帯が義務づけられています。

南極観光は1960年代から細々と行われていましたが、劇的な変化をしたのが1990年代です。ソ連の崩壊により、北極海で使われなくなった大型船が南極観光に使われるようになりました。南アメリカ南端のアルゼンチンのウスワイアで乗船し、ドレーク海峡を越えて南極半島沿いに南緯65度付近まで南下しながら、付近の島々や半島のどこかに上陸し、観測基地を訪れたり、狭い露岩地帯を散策して、南極を体感する10日から2週間の観光が数多く行われていました。もちろんペンギンの営巣地（ルッカリー）やアザラシのハーレムなどがあれば訪れます。数種類のペンギン、ミナミゾウアザラシや南極オットセイなどの大型動物も見ることができます。

ニュージーランド、オーストラリア、南アフリカなどの港から乗船し、南極大陸周航のツアーもありました。約一カ月をかけ南極大陸を東回りや、西回りで周航し、各国の観測基地を訪れたり、数万羽のアデリーペンギンやコウテイペンギンのルッカリーを訪れていました。21世紀に入り南極観光に投入されていた旧ソ連（現ロシア）の船が老朽化で、南極から撤退をして、南極観光も新しい時代に入りました。

南極観光に中型の観光船が就役するようになりました。乗客の定員は100名程度、しかし船内の設備は良く、船旅そのものも楽しめる構造です。客の人数が多いとペンギンルッカリーの見物のように、多人数では訪れられない場所がありますので、グループ分けなどして、訪れるのに時間を要することになります。大型観光船は南極観光には適しません。

コロナパンデミック前の2019年ごろまでは、日本からの南極観光参加者は毎年300〜400名でした。南緯60度以南の地域は南極条約と呼ばれる国際条約で守られています。南極の陸地に上陸しても、持参したものはすべて持ち帰る、そこにあるものは小石1個でも持ち出すことは許されません。徹底して自然環境を守る対策をしたうえで許される南極観光です。

地球規模の旅行では、ロシアのウクライナ侵攻で世界が平和でないと実現できないことを認識させられましたが、2020年からのコロナパンデミックは、地球上が平穏でなければ旅行ができないことを改めて教えてくれました。

南極大陸内の旅行、南極点旅行に関しては第6章18で詳述します。

第6章 経験者のおすすめポイント

世界旅行の参考書

1 世界遺産を訪れたい

「世界遺産の地を訪れたい」と考える人は少なくないようです。確かに海外旅行を考え始めたとき、世界遺産は旅行の目的地を選ぶ重要な情報源、重要な基準となっているようです。友人の中には世界遺産の訪問を希望するというよりは、熱望する人もいます。

世界遺産はユネスコが1972年に採択した「世界の文化遺産及び自然遺産の保護に関する条約」が出発点です。ユネスコは世界的に貴重なそれぞれの国の文化遺産・自然遺産、さらにその両者が共存する複合遺産を登録し、それぞれを世界の遺産として保護することを求めています。

日本政府は1992年にこの条約を批准しました。そして1993年に「法隆寺地域の仏教建造物」が世界最古の木造建築物として、また「姫路城」が日本近世城郭の最高傑作として、それぞれ世界文化遺産として世界遺産のリストに登録されました。同じく1993年に青森県と秋田県にまたがる「白神山地」が世界的な規模のブナ林として、鹿児島県の「屋久島」が神秘なる太古の世界として、ともに自然遺産として認められ、同じく世界遺産に登録されました。

2007年に文化遺産として登録された「石見銀山とその文化的背景」は、大航海時代を動かした銀山として評価されたものです。大航海時代の国際的な交易は銀で行われ、石見銀山の銀も重要

写真20　日本最初の世界文化遺産・姫路城と文化遺産の富士山

な役割を果たしていたからです。国内の観光地としては知名度が低く、世界遺産に登録されたときにはサプライズでしたが、評価される立派な理由があったのです。

２０１９年7月には大阪の百舌鳥・古市古墳群が、２０２１年7月には北海道・北東北の縄文遺跡群と奄美大島・徳之島・沖縄島北部および西表島が登録を認められました。これまでに、日本の世界遺産登録は25件になりました。政府は毎年1、2件の世界遺産登録を目指しているようです。日本国内での世界遺産への理解には、このような背景があり、20世紀の終わりごろから関心を持つ人が増えて、観光で世界各地の世界遺産を訪れようとする人も増えてきたのです。現在では世界遺産訪問を目玉にするツアーも企画され、パンフレットには「世界遺産」の文字が強調されています。

日本では文化遺産と自然遺産の2種類ですが、世界では複合遺産も少なくありません。ヨーロッパや中国などは文化遺産のオンパレードです。地図を開けば必ず文化遺産の記号が目に入ります。イギリスのロンドン塔、中国の万里の長城などがその例です。

自然遺産は山岳地帯に多いような気がします。エベレストを中心とするヒマラヤ山塊やスイスの氷河などが入ります。スカンジナビア半島西海岸の「西ノルウェーのフィヨルド群」も長さ深さとも世界随一のフィヨルドとして自然遺産に登録されています。フィヨルドではニュージーランドのミルフォードサウンドや中緯度に位置していて氷河が楽しめるウエストランド国立公園も自然遺産に登録されています。

日本の世界遺産の分類からは複合遺産は分かりにくいですが「自然を取り入れた人間の生活」と説明できるのではないでしょうか。その一つフランスとスペインの国境の「ピレネー山脈～ペルデュ山」は厳しい自然環境下で優しく命を育てる国境の山として、低地と高地の気候差を利用して現在でも放牧が盛んにおこなわれており、複合遺産の一つです。

ギリシャの「メテオラ」は天空の修道院が織りなす幻想的な景観で複合遺産として登録されています。「メテオラ」は「宙に浮いた」という意味で、20～400mのほぼ直立の岩山の頂に修道院が築かれ、ギリシャ正教の修道士たちが、隠遁と修行の生活を続けているのです。

写真21　中国・万里の長城

同じ複合遺産に「アトス山」があります。ギリシャ・テッサロニキの東南東およそ100㎞のエーゲ海に突き出た半島の先端にアトス山は位置します。標高2003m、断崖絶壁に囲まれたこの山に、神との交信を求めたギリシャ正教の修道士が住みつき、10世紀ごろには修道院も建てられました。聖地として15世紀ごろには180もの修道院が立ち並んでいたと言われます。

現在でもおよそ20の修道院があり、修道士たちは中世のころと同じような生活を送っています。ギリシャ政府はこの地域をギリシャ正教の聖地・「アトス神政共和国」として自治権を認めているそうです。中世以来現在も女人禁制です。本当かウソか分かりませんが、その女人禁制は徹底していて「家畜のメスも入れない」そうです。ですからそこは「決して子供の生まれない地」です。21世紀初めごろの情報では、この地には観光客は入れません。このアトス神政共和国に入国できるのは学問的、宗教的に価値があると判断された場合のみで、滞在期間は3泊4日以内に制限されています。

日本では2013年に「富士山―信仰の対象と芸術の富士山」が文化遺産として登録されました。富士山は現在も続く浅間信仰や富士講などの富士山信仰を生み出した日本を代表とする名山がその登録理由のようですが、私には複合遺産がふさわしいと思えてくるのです。

このように世界遺産を少し並べてみただけでも、それらの場所は観光地としても十分に魅力がある場所です。しかし私は旅の目的地の選択基準として「世界遺産だから」とはしないほうがよいと考えています。

世界遺産への登録はユネスコの中に設けられた委員会で審議され決められています、そこではすべて人間が決めているのです。地球上の自然やそこに生を受けて築き上げてきた文明を、限られた人たちがそれぞれの価値観で議論して決めているのです。世界遺産を選択する人たちと、そこへ旅をしたいと考える人たちの視点、価値観、意見など完全に一致しているはずはありません。

万里の長城をはじめとして、私が行きたいと思って訪れてきた多くの場所は、その後世界遺産に登録されました。しかし、私が大満足で帰ってきた観光地でも、世界遺産に登録されていない場所はたくさんあります。もちろんそのような場所でも、今後登録される可能性はあるでしょうが、現在まで登録はされていません。

石見銀山が世界遺産に登録されたころ、神奈川県の鎌倉も「武家社会発祥の土地」というような趣旨で世界遺産登録を目指していましたが、実現しませんでした。しかし、その前も、その後も、鎌倉は毎日多くの観光客が訪れています。地元住民は観光客の多さに悲鳴を上げています。休日などは長時間並ばないと地元の電車にも乗れず、道路は車が渋滞するなど、日常生活にも支障をきたしています。世界遺産に関係なく訪れたい場所、観光したい場所なのです。鎌倉ばかりでなく、世界遺産に登録されてはいないが訪れたい場所は、ほかにも数多く存在しています。

このように考えると、やはり海外旅行をするなら「何を見たいのか」「どこへ行きたいか」など、できるだけ自分の目的を明確にしてから行くとその旅は、より一層楽しく充実した旅になるのです。

2 自然景観に惚れる

地球は宇宙空間に浮かぶ小さな水の惑星ですが、その表面付近は変化に富み、興味の尽きない領域です。人間一人ひとりの一生は長い地球の歴史からみればほんの一瞬ですが、私はその変化の多い表面で生を受け、そこにうごめくことのできた幸運に感謝をしながら日々過ごしています。その表面の姿、自然景観は尽きることのない興味を与えてくれ、人間を温かく包み込んでくれています。旅をしたいと思うほとんどの人は「自然景観に惚れている」と言えるのではないでしょうか。「あしたの旅」もまた自然景観を楽しむ旅にしたいものです。

地球の表面の70％は海です。その海の楽しみ方の一つとして、「太平洋、大西洋、インド洋の三大洋で遊ぶ」という目標を持つのはいかがでしょうか。遊ぶ方法はいろいろあります。好きな人はサーフィン、ヨット、ダイビングなどマリンスポーツに興じるのも一つの方法ですし、海水浴をするのもよいでしょう。日本列島の太平洋岸で遊べば、太平洋で遊んだことになりますが、それでは面白くありませんので、南太平洋のミクロネシアやポリネシア、さらにはメラネシアまで足を延ばしますと、パラオ、マーシャル諸島、フィジーなどの各共和国、パプア・ニューギニア独立国、サモア共和国、そしてトンガ王国など小さな島国が並んでいますので、海で遊びながら一つでも多くの国に行きたい人も満足させられる旅になるでしょう。これらの国の中には第一次世界大戦後から第二次世界大戦の終わるまでのおよそ30年間、日本が統治していた時代がありましたので、当時の日本語教育の影響で、日常会話には日本語の単語がたびたび出てきます。特にパラオでは「トモダチ」「ヒコーキ」「デンキ」「ベンジョ」「ベントー」などの言葉が聞かれます。

天国に一番近い島と呼ばれるニューカレドニアもこの仲間です。

ハワイ諸島へは日本から毎日10便以上の直行便が出ていましたので、コロナ禍が過ぎれば元の状態に戻るでしょう。最も気軽に行ける島で、日本語だけでも過ごすことのできる島です。ハワイ島のマウナケア山頂は世界各国が競って天文台を設置しており、日本のすばる望遠鏡もその一つで、水蒸気の少ない夜空の星空観賞も観光の目玉になっています。標高２８００ｍに位置し、日系アメリカ人の宇宙飛行士の名を記念したオニズカステーションは、天文台職員が高度順化のため30分間は休息をとる場所ですが、観光客用の施設もあり星空観賞のため夜はごった返しています。

ハワイ島で現在活動しているのはキラウエア火山ですが、その火口原全体を見渡せるところには観測所と観光施設を兼ねたジャガー博物館があります。キラウエア火山が噴火しているときには、流れる溶岩を近くで観察できる特異な島でもあります。

ハワイでは多分世界で最も多く、多種多様なマリンスポーツが楽しめるでしょう。サーフィン一つをとっても、波長の長い大きな波が来るので、日本とは比べることのできないほど長い間波に乗っていられます。毎年のように訪れてはいても、そのたびごとに新しいマリンスポーツが次々に現われると表現しても過言ではないくらいです。

そんな状況の中でも、私が勧めたいのは潜水艇に乗っての海中散歩です。２０１７〜２０１９年ごろにはオアフ島とマウイ島で営業していました。オアフ島の沖合では戦後初めて日本が開発した飛行機ＹＳ11が廃棄後沈められ、漁礁として使われ、そこに群れる魚やウミガメを海面下10ｍの深さまで潜航して、潜水艇の窓から眺めるのです。

好きな人はマリンスポーツに興じればよいのですが、そんなことをしなくてもホテルのプールサイドやビーチサイドでデッキチェアに横になりのんびりしているのも楽しいものです。若干の日焼け対策は必要ですが、読書をしたり、居眠りをしたり、暑さを感じたら水に入ればよいのです。泳がなくても水の中をぶらぶらし、また寝る、読む、海を眺めるの繰り返しを一日中やっていても決して退屈することはありません。

空腹やのどの渇きを感じたら、ときどき回ってくる係員に飲み物や食べ物を注文すればよいのです。支払いもルームナンバーとサインだけで済みます。多少は割高になりますが、特別な時ですし、リフレシュに来ているのですから必要経費と考えれば気にもならないでしょう。このような非日常の時間を持つことが、旅の大きな目的の一つであり、気分転換にもなるのです。

大西洋ではブラジル・リオデジャネイロ郊外のコパカパーナ・ビーチフロントが有名です。私も国際会議がリオデジャネイロで開催されたときに、会議の主催者が手配してくれたホテルが、運よくコパカパーナの海岸に面していました。一週間滞在していましたが、毎日会議終了後の夕方、海

写真22　ハワイ・オアフ島ワイキキビーチ沖合の観光用の潜水艇

岸に行って、まずココナッツを1個買ってその場でミルクを飲んだ後、ひと泳ぎしました。日本の湘南地方の海と比べ大西洋の水はやや冷たく、波も高いような気がしましたが、地元の人の話では普通だそうです。

夕方はさすがに日光浴の人はいませんでしたが、遅くまで浜辺でビーチバレーやサッカーに興じる人がいました。

インド洋で泳ぐならインドの海岸でと考えますが、私の経験では勧められません。ホテルの持つプライベートビーチは別にして、インドの海岸には汚物で不潔な場所が多いのです。やはりモルディブやセイシェルなどの島々を訪れるのがよいでしょう。モルディブ共和国はインド洋に位置しサンゴ礁に囲まれた１２００もの島々からなり、最大のリゾート地です。サンゴ礁の上にコテージが並び木道で結ばれています。ここでの過ごし方もまたほとんど海を眺め、ときどき海に入りのんびりと過ごす、非日常の生活が最高でしょう。

私は南半球側に位置するモーリシャスが好きです。英連邦の一つの国で、島の西側には首都のポートルイス、東側に国際空港があります。インド洋の真珠と呼ばれるこの島を私が初めて訪れたのは１９７９年でした。そのころはポートルイスでも大きな建物は見当たりませんでした。それから25年後に訪れたときにはポートルイスのオーシャンフロントは横浜のみなとみらいに似ていると思うほど近代化されていました。また空港の建物も新しくなり、近代化されました。

空港からポートルイスまで、島を横断するのにタクシーで1時間程度です。この島の産業は紅茶で、インド人により茶の木が持ち込まれ栽培を始めたそうです。初めて訪れた時に購入した数種の紅茶のうちの一つが、私の嗜好にあい、それからは行くたびに自分用に１㎏、２㎏と購入することにしています。

滞在はホテルで、過ごし方は他のリゾート地と同じですが、島の植物園にはリクガメ（ゾウガメ）が飼育され、オニバスも生育しています。もう40年も同じように展示されています。ガラパゴスやブラジルに行かなくとも、インド洋でも見られるのです。

モーリシャスには「ドド」、地元では通称で「ビッグバード」と呼ばれるアヒルを大きくしたような、あまり飛べない鳥が生息していました。大航海時代以後、訪れた船乗りたちに乱獲され絶滅してしまいました。その最後の一羽の剥製が市内の博物館に展示されているので訪れました。感激したのはその入場料が無料でした。無料だから感激したのではなく日本に比べＧＤＰははるかに低い国なのに、博物館という文化施設の入場料を無料にするという、大英帝国の精神が受け継がれて

写真23　ガラパゴス諸島のリクガメ（ガラパゴスゾウガメ）。陸上に生息し体重は200キロを超す。したがって足はヒレではなく象のように円柱形をしている

いたからです。ロンドンの大英博物館も無料が続いていましたが、経費がかさみ維持できないと有料になりました。ほとんどが有料の日本の博物館と比べ、その精神に感動したのです。

モーリシャスは２０２０年の夏、日本の会社が所有していた油送船が座礁し、油が流出した事故が起こりました。一部の海岸は被害が大きかったようですが、私が予想した最悪状態にはならなかったようなので安堵しました。インド洋の真珠と呼ばれるモーリシャスも、きれいな国のまま存在し続けてほしいです。

ハワイでもインド洋でも島で過ごすことを目的にするならば、個人旅行を勧めます。単純な往復なら、インド洋の島でも乗り換えは1回程度ですから、パスポートさえ持参すれば、気軽に訪れることができます。そして1週間も過ごせれば、人生観が変わるのではないでしょうか。

「あしたの旅」の一つとして是非考えてください。

　陸上の自然景観の観光はやはり山を見ることでしょう。「各大陸の最高峰を見る」というような目標を定めてみてはかがですか。登山家の中には各大陸の最高峰への登頂を目指す人もいますが、一般の人は見るだけでも十分満足できるでしょう。

　アジア大陸の最高峰エベレスト（中国名・チョモランマ、８８４８ｍ）はネパールと中国の国境に位置していますが、見るだけならネパール側からのアプローチが楽ですし、効率的です。エベレストは山麓に位置する登山の前線基地でも標高が５０００ｍですから、慣れない人は高山病になります。ネパールの首都カトマンズでヒマラヤ観光の遊覧飛行機に乗れば、1～2時間の飛行で、東端のカンチェンジュンガ（８５８６ｍ）からエベレストを含め、西端のダウラギリ（８１６７ｍ）まで、８０００ｍ級の山が8座並ぶ、ネパールヒマラヤの山々が目の前に見え、一回の飛行で完全に満喫できます。

　ヨーロッパ大陸の最高峰「アルプスの女王」モンブラン（４８１０ｍ）はフランスとイタリアの国境に位置し、フランスのシャモニからロープウェイで３８４２ｍのエギュ・ド・ミディ展望台まで登れます。ロープウェイを降りれば、息苦しさを感じる人も少なくないです。夏にはシャモニでは暑くても、展望台付近は冬の世界です。展望台からはモンブランはもちろん、グランドジョラスの絶壁など、ヨーロッパアルプスを一望できます。イタリア側へロープウェイで氷河を超えての空中散歩の日帰り旅行もできます。シャモニに一泊すれば、ロープウェイで展望台までは行けますが、

写真24　ヨーロッパ最高峰。山頂に氷河が残るフランス・モンブラン（4810m）

天候に左右されますので、空中散歩を希望するなら最低2泊することを勧めますし、それだけの価値がある地域です。

アフリカの最高峰はキリマンジャロ（5892m）で、タンザニアに位置していますが、ケニアからも十分に見られます。ヘミングウェイが滞在していたケニアの地はアンボセリは国立公園として保護され、ホテルも建設されています。ホテルの庭から目の前に、またホテルの屋外プールで泳いでいても目の前にキリマンジャロの山容が望めます。南緯3度とほぼ赤道直下に位置していても年間を通して頂上には積雪があり氷河が存在しています。私は標高4500m付近まで雪が降っているのを目にしています。

北アメリカ大陸の最高峰はアメリカ合衆国・アラスカ洲のデナリ山（6194m）です。アメリカはこの山に大統領の名前をとり「マッキンリー」と呼んでいましたが、先住民を尊重し、元の山名に戻しました。

アンカレッジからフェアバンクスまでアラスカ鉄道が走っていますから、時間が合えばデナリ国立公園近くまでは列車でも行けます。フェアバンクスは日本人にとってはオーロラ鑑賞の基地でもありますから、行く機会も多いかもしれません。どちらからでも車やバスで行くのが便利です。国立公園内はスクールバスのような黄色いバスに全員が乗り換えての観光です。山の景色はそれで十分に楽しめます。運が良ければ大きな熊を前景にデナリ山を撮影できます。

南アメリカ大陸の最高峰はアルゼンチンのアコンカグア（６９５９ｍ）です。アンデス山脈の一部ですからチリからもよく見られます。サンティアゴを宿泊の基地として、アンデス山脈沿いに北上すればすぐに見えてきます。盆地なのでサンティアゴからは私はアコンカグアを視認したことはありません。

オーストラリア大陸の最高峰はコジアスコ山（２２２９ｍ）です。大陸南東のオーストラリアアルプスに位置し、首都キャンベラから近いです。この山の南西３００㎞にはメルボルンが位置しています。メルボルンの郊外のフィリップ島はペンギンの生息地として知られていますから、一日余分に日程をとれば十分に見物できます。

しかし、オーストラリアを訪れたら「地球のへそ」とも呼ばれる世界最大の一枚岩「エアーズロック（ウルル）」を訪れることを勧めます。ウルルは先住民アボリジニの聖地を意味し、周囲には彼らの遺跡が残っています。エアーズロックは標高１０００ｍの山ですが、頂上は広く、最高点ははっきりしません。岩の北西側が登山口ですが最初の40～50分間は急斜面で登りにくく危険です。

私はスニーカーで登りましたが、岩ですから滑りにくい靴を用意することが重要です。登山口周辺には登山中に死んだ多くの人を追悼するプレートが、岩壁のいたるところに打ち付けられていました。

登山が危険なので、全面禁止にしたとか、登れる期間を限定したとか噂は時々聞きます。訪問を希望する人は事前にオーストラリア大使館か日本の旅行社に問い合わせたほうがよいでしょう。２０１９年10月26日から、エアーズロックは完全に登山禁止になりましたので現在は登れないはずです。しかし、同じような話は過去にもありました。エアーズロックの登山に興味があれば、いずれにしても事前に確かめることを勧めます。

山頂からは、平坦なオーストラリア大陸を一望できます。しかし、多くの人が語るエアーズロックの美しさは日の出直後や、日没寸前に山体全体が赤く染まる風景です。これを見るためにはどうしても近くのホテルに泊まらなければなりません。

私が訪れたときの夕焼けでは、エアーズロックは期待したほど赤くはならず、一緒に行ったアメリカの人たちと「期待外れ」と話し合いました。

南極大陸の最高峰はビンソンマッシーフ（４８９２ｍ）です。南極大陸西半球側のエルスワース山脈に属しています。近くにグレーシャーキャンプという観光用のキャンプがあります。そこから小型機で山麓まで飛べば、麓から山頂を見上げることになりますが、キャンプを飛び立てばすぐにエルスワース山脈は見えはじめます。後はどの程度満足して帰るかは、現場の状況と天候次第です。

このキャンプに個人で行くには、事前に日本で予約をする必要があります。キャンプで泊るテントが予約できたら、日程に合わせて日本を出発します。チリの南端プンタアレナスまで民間機で行き、そこで南極行きの便を待つのです。プンタアレナスからグレーシャーキャンプまではおよそ3200km、ジェット機で5、6時間の飛行です。滞在日数もはっきりしませんから正確な数字は分かりませんが、費用が500～600万円はかかるでしょう（第6章18参照）。

「氷河と山岳美を楽しみたい」と希望する人はどこを目指すのがよいでしょうか。ヒマラヤは氷河も山も遠望することが多いので、目の前に氷河がある風景には出会えません。スケールから考えて、ロッキー山脈やパタゴニアが最適な場所であることは間違いありません。ただスケールが大きすぎるので、私はやはりヨーロッパアルプスを勧めたいです。標高は5000mに届かず、やや箱庭的ですが、氷河の全貌がすぐ理解できる景観が多いからです。

ヨーロッパアルプスでは山麓から頂上付近に向かって、たくさんのロープウェイや登山リフト、登山電車が設置されており、ほとんど歩くことなく3000m以上の高さに到達できるのです。自分のすぐ目の前が氷河の源流で、その先には氷河が広がっています。そんな光景はヨーロッパアルプスの中心ではどこでも見られますが、スイスのツェルマット、グリンデンワルトがその双璧です。

ツェルマットの町は電車の終点駅からマッターホルンに向かうほぼ南北に細長く伸びています。その町外れに、マッターホルンの東側にあるクラインマッターホルン（小さなマッターホルンの意）へ向かうロープウェイ、マッターホルンエクスプレスの駅があります。クラインマッターホルンに向かうロープウェイの途中でマッターホルンの登山口方向に向かうロープウェイが右側にずれていきます。モンテローザ氷河を左手に、マッターホルンを右手に眺めつつ山頂駅には10分ぐらいで到着です。その地点の標高は３８８４ｍ、富士山より高いのです。降りた先はトンネルで、そのまま進みトンネルを抜けるとそこはイタリアです。途中の階段を登って展望台に出ると、目の前にはマッターホルン（４４７８ｍ）がそびえています。

ツェルマット駅のすぐ東側にはゴルナグラード展望台に行く登山電車の発着駅があります。スイスアルプスの中で最初に建設された登山電車で、３０８９ｍの展望台までのんびり登っていきます。

写真25　氷河に削られた岩峰、スイス・イタリア国境のマッターホルン（4478m）

出発してしばらくすると視界が開け、マッターホルンが姿を現します。ゴルナグラードにはホテルもあります。展望台からはアルプス第2の高峰モンテローザ（４６３４ｍ）をはじめ３６０度の展望が開けています。モンテローザのすぐ手前がモンテローザ氷河の源流です。

登山電車の駅からやや北へ行った所に、地元の人がメトロと呼ぶ地下ケーブルカーの駅があります。終点の近くにはマッターホルンが写ることで知られるスネガ湖がありま す。スネガ湖からツェルマットまで、2時間程度のトレッキングで戻ることもできますので、健脚の人には勧めたいコースです。

日本からのツアーは必ずゴルナグラード展望台には行きますが、ほかの2カ所に行くことはほとんどありません。ツェルマットに2泊では時間が足りません。楽しみたければ少なくとも3泊、可能なら4泊することを勧めます。

ここの3つの乗り物には共通券も発売されています。2日間券、3日間券、1週間券などもあり、高齢者割引もあるので、長期滞在の場合には観光案内所で事前に調べておくことです。もちろん切符売り場では親切に教えてくれますが、五つ星ホテルのツェルマッターホフの近くには日本語の案内所もあった記憶があるので、確かめておけば安心です。

ツェルマットで宿泊するホテルが自分で選べるなら「ツェルマッターホフ」に泊まることを勧めます。ツェルマットに2軒しかない5つ星ホテルの一つですが、村営ホテルだそうです。私はドイツ在住の日本人の友人に教えてもらって泊まってから、すっかりファンになりました。ツェルマットの駅に到着すると、馬車が待っています。冬は馬橇です。5つ星のホテルだけが馬車で、ほかのホテルは電気自動車での出迎えです。電気自動車のほとんどは荷物を運ぶためで、人は歩きの場合が多いです。狭い町ですから歩いても問題はありませんが、ホテルまでの道のりを馬車に乗ってのんびりとツェルマットの町を行くだけで高揚感が増してきます。このホテルのすばらしさは友人が勧めてくれたように、接客態度やサービスが最高でした。

　グリンデルワルトに泊まりユングフラウヨッホ観光をするのは、ツェルマット訪問とともにスイス観光の定番であり、クライマックスです。楽しむためには最低でも3泊すること、西側のミューレンの展望台まで必ず行くことが、この地を楽しむ最良の方法です。また部屋が確保できれば、グリンデルワルドではなく、登山電車への乗換駅・クライネシャイデックに泊まる方が、アイガー北壁の展望に適していますし、ミューレンへも近いです。しかしホテルが2軒しかないので、日本からのツアーの多くは、グリンデルワルトに泊まるようです。クライネシャイデックの駅の裏には新田次郎の記念碑が岩壁に埋め込まれています。

　2020年12月、グリンデンワルトからアイガーグレッチャー駅までゴンドラが開通しました。新設のグリンデンワルトターミナルからアイガー北壁を見ながら15分でアイガーグレッチャーに到着でき、これまで登山電車で行った時間よりも30分短く便利になりました。アイガーグレチャー駅はまさにアイガー内に開けられた登山電車トンネルの入り口で、新しいロープウェイの開通で多くの始発電車が運行されるようになりました。このロープウェイはアイガーエクスプレスと命名されています。

　グリンデンワルトからの観光客はクライネシャイデックかアイガーグレッチャーで登山電車に乗り換え、アイガー（3970m）北壁の中をくりぬいたトンネルを通り、ユングフラウヨッホ駅（3454m）に到着します。途中2カ所の駅に停車し、北壁に開けられた窓（穴）から山麓の風景やすぐ横を流れ下る氷河が眺められます。終点のユングフラウヨッホ地下駅構内の周辺は売店だの郵便ポストなどでごった返しています。エレベーターに乗りスフィンクス展望台（3571m）に出ると名峰ユングフラウ（4158m）やメンヒ（4099m）、世界自然遺産のアレッチ氷河など、白銀の世界が広がっています。

「サウンドオブミュージック」あるいは「ハイジの世界」で日本でも知られるチロルもまた山岳美で自然豊かな土地として知られています。チロルはオーストリア西部、イタリア北部、スイス東部にドイツ南部を含みます。スイスのサンモリッツでは第2回（1928）、第5回（1948）、イタリアのコルチナ・ダンペッツォでは第7回（1956）、オーストリアのインスブルックでは第9回（1964）、第12回（1976）と合計5回の冬季オリンピックが開かれていることからも、その自然の姿が想像できるでしょう。コルチナ・ダンペッツォのスケート競技場はオリンピックの開会式や閉会式が行われた場所で、そこには現在でも日の丸が壁にかけられています。全メダリストの国の国旗が現在でも掲げられており、日の丸はスキーの回転で銀メダルに輝いた、日本では冬季オリンピック最初のメダリスト猪谷千春を顕彰するためです。ちなみにこの時のスキーの回転、大回転、滑降3種目で金メダルを獲得したトニー・ザイラーは大英雄となり、その名をたたえ日本でも「白い恋人」の題名で映画化され、菓子の商品名にまでなりました。

ニュージーランド南島のサザンアルプスもまた山岳美と氷河が楽しめます。ここでの乗り物は主にバスと遊覧飛行機です。マウントクック国立公園では中心地のハーミテイジに宿泊するのがベストです。エベレストに初登頂したヒラリーの記念館がホテルに併設されています。主峰マウントクックはアオラキ（3724m）とマオリ族の呼び名に戻されました。タスマン氷河は中緯度にある世界最大の氷河ですが、遊覧飛行で空からアオラキ山群を観光した後、上流に着陸し、氷河の上を歩き回われます。また二つのつり橋を渡って行くU字谷のフッカーバレーへの簡単なトレッキングもできるので訪れたときには3泊はしたい地です。

マウントクック国立公園の北西側のタスマン海に面しているウエストランド国立公園にはフランツジョセフ氷河、フォックス氷河が並び、その上にはトレイルが設定されており、氷河の上のハイキングが楽しめます。氷河観光の目玉と言えます。それぞれの氷河の末端には、古い時代の末端を示す標識があり、氷河が後退していることが分かります。

山ばかり見てきましたが、海洋で最も深いところは海溝と呼ばれ最深は10000mを超えます。現在の技術では潜水艇でも訪れるのは大変です。では歩いて行ける海面より低い土地はあるのでしょうか。「標高が海面より低い土地（窪地・アチ）に行く」のはいかがですか。日本では炭鉱や鉱山の立て坑で、あるいは湖水の底が海面下の地域はありますが、自然が創出したそのような土地（窪地・アチ）はありません。

低い土地で有名なのはイスラエルとヨルダンの国境沿いを流れるヨルダン川流域で、その中心が死海です。湖面の高さが海面下400m、最大の水深は426m、平均水深186mと記録されていますから、付近一帯の岩盤表面の高度は海面下600mの深さなのです。地球表面にできた裂け

写真26　イスラエルとヨルダン国境の死海、塩分濃度が高いので人間は浮いてしまう

目です。

死海の水の塩分濃度は海水の6倍と測定されています。人間は浮きあがり、湖水の中で読書ができるなどと宣伝されています。このくらいの塩分濃度になりますと、その水は塩辛いのではなく「苦い」です。

アメリカ・ラスベガスの西150kmのカルフォルニア州にあるデスバレー国立公園も、海面下の土地です。およそ200kmの長さの谷で、最深点が海面下80～100mの谷が続きます。灼熱の太陽の下、砂と塩の原野「死の谷」が続きます。その谷底では現在も食塩が生産されています。

中国の奥地、敦煌の近く、西遊記で孫悟空が活躍した火焔山の山麓の標高も、ほぼ海抜0mです。中国の内陸、言い換えればアジア大陸の内陸地域に海抜0m地域があることに、改めて地球は面白いと感じさせられます。火焔山の近くには、「さまよえる湖」と呼ばれるロプノール湖があります。付近一帯は中国の核実験場になっており、軍の施設が並び現在は立ち入り禁止区域になっていますが解放されたという情報もあります。

3　自然景観を創る水の力はすごい

地球上の自然景観を創出する力の一つが水ですが、滝はその水の力を象徴しています。滝は毎日毎日少しずつですが大地を削っていくので、どの滝もその落下地点は少しずつ上流へと移動しているのです。

アイスランドは滝の多い国です。火山国のアイスランドは火山から噴出した溶岩や火山灰や砂礫などの火山噴出物が堆積して島を形成しています。その火山噴出物が島のいたるところで段差を生じさせて、流れる川に滝ができるのです。第５章５で述べた三大瀑布は数千万年から数億年前の古い地層の大地が削られて創出されたのですが、アイスランドは比較的新しい過去１００万年前ぐらいからの火山噴出物の積み重なりの段差によってできたのです。したがって滝の出現した時代背景は全く違います。

湖水は美しい自然景観を創る立役者の一つです。湖水の成因は４種類に大別されます。第１は大

写真27 アイスランドのギャオ。プレート境界なので両側に引っ張られ至る所で地面に亀裂が生じている

地の大きな動き、地殻変動でできた割れ目や亀裂に貯水されたテクトニック、第2が氷河に削られた氷河性、氷河湖とも呼ばれるもの、第3は火山噴火によってできたカルデラや噴火口に貯水した火山性（カルデラ湖やマール）、第4は火山噴火の泥流などによる自然の堰き止め湖、ダム湖などと呼ばれる人造湖です。その他海跡湖やラグーン（潟湖）と呼ばれる湖水もあります。海岸に砂州で海と切り離された湖水ですが、あまり大きなものは存在しません。

日本の琵琶湖や諏訪湖はテクトニックの湖、北海道には洞爺湖、屈斜路湖、摩周湖など火山性の湖（カルデラ湖）が多数点在しています。霞ケ浦や浜名湖は海跡湖です。発電用の水力ダムの建設に伴い、日本の河川には多くの人造湖が作られています。長野県の松本市から上高地に行く途中にある梓湖も人造湖ですし、黒部第四ダム（クロヨン）によって出現した黒部湖も人造湖です。しかし、日本には氷河性の湖水はありません。日本列島は日高山脈や日本アルプスの頂上付近を除いて、氷河におおわれたことは無く、したがって氷河性の湖水も存在しません。日本アルプスに点在する氷河地形のカールの底に小さな池（氷河池）が出現する程度です。

そんな背景があるからか私は外国の氷河湖を訪れるのが好きです。第5章5でもふれたアメリカの「五大湖」も氷河が削った低地に出現した氷河湖です。地球上では約2万年前まで氷河期でした。アメリカ合衆国のオハイオ州やウイスコンシン州など、北緯40度以北は氷におおわれていました。氷河期が終わり、そこに出現したのが五大湖でありナイアガラ滝なのです。水の固体の状態の氷が創り出した自然景観です。ウイスコンシン州はほとんど平坦な地ですが、所々に丘陵が連なり、かなり長いコースのスキー場もできています。それは氷河が運んできた岩塊が堆積したモレーン（堆丘）です。氷河は削る作業ばかりではなく、積み上げる作業（堆積）もしているのです。地球の水の力を改めて感じます。

スイスの大きな湖水はほとんど氷河湖です。レマン湖、ボーデン湖、チューリッヒ湖などが、アルプスの北麓から北側に並んでいます。レマン湖の西端はジュネーブでツェルマットやモンブランの観光拠点ですから、スイスに行けば必ず目にする湖水です。湖畔には大きな噴水があり、モンブランを見る観光スポットになっています。

写真28　アゼルバイジャン、ロシア、カザフスタン、トルクメニスタン、イランの5カ国に囲まれているカスピ海。写真の都市はバクー

ユングフラウ観光の拠点のインターラーケン付近を中心にいくつかの氷河湖がほぼ東西に並び、湖上遊覧も行われています。

地球上で最大の湖水はカスピ海で、大きな地殻変動で生じたテクトニックの湖水です。日本列島よりも面積は広く、5カ国が湖水に面していますので、互いの国境にもなっているのです。アゼルバイジャン共和国の首都バクーは古くから石油の産出地として知られていましたが、現在でもカスピ海の海底から採油しています。バクーから対岸のトルクメニスタンやカザフスタン共和国へはフェリーが運航されています。

日本ではカスピ海ヨーグルトが有名ですが、現地では「カスピ海ヨーグルト」は存在しません。日本の研究者がカスピ海に面した国々のヨーグルトを調べ、作り出したヨーグルトを「カスピ海ヨーグルト」と呼んでいるようです。

中国江蘇省の太湖（タイフー）は面積が琵琶湖の4

倍程度の堰き止め湖です。隣接する小さな湖・陽澄湖は上海ガニを養殖しており、大産地ですが地元の人は陽澄湖では病気予防のためカニに対して多くの薬を使っているので、「おいしいのは太湖の上海ガニだ」と主張しています。

4　水が創る繊細な自然景観

大地を削るという大規模な自然景観の創造ばかりでなく、水の力はより細かな細工もしています。その細工された自然景観の一つ「石柱林と針の山」を見ませんか。日本では徳島県に土柱がありますが、石柱林は存在していません。あえてそれに近い景観と云えば群馬県の妙義山かなとは思いますが、スケールは全く違います。

石柱林あるいは石柱群に相当するのはトルコのカッパドキアや中国の武陵源の景観です。いずれも雨水によって浸食された地形ですが、地球の時間の長さ、水の力を感じさせる自然の造形です。

カッパドキアはトルコ東部の古代の地名でしたが、現在はアナトリア高原の石柱林の代名詞のように使われています。トルコツアーでは必ず訪れる観光スポットです。厚く堆積した火山噴出物の凝灰岩や溶岩、火山灰などの地層が雨で削られ、キノコ型の奇岩が林立する光景が広がっています。外観からはその存在が想像できない岩窟教会は、６世紀から13世紀ごろ、渓谷の断崖に開けた谷間

写真29　火山灰層が侵食を受け形成されたトルコのカッパドキア

や大きな石柱の根本をくりぬき、地上に建てられた教会と同じ空間に設計され、内部の柱はそのまま岩盤を削り取らず、残されています。特にギョレメ地区には住民の住居や家畜を飼育した空間とともに、300あまりの修道院が確認されていますが、そのうちの150の修道院の壁には壁画が残されています。石柱林という自然の造形に、岩窟教会という人工物が加わり必見に値します。

武陵源は奇岩が林立する石柱林と森林が構成する国家森林公園で構成されています。玄関口にあたる張家界には天門山国家森林公園があり、20世紀の終わりごろから民間企業によって開発されました。いろいろなイベントを開催してメディアに登場させ、中国国内に観光地としての地位を築いていきました。天門山の山頂は標高1578mですが、市の中

写真30　カルスト台地が侵食され形成された中国の武陵源

心部から標高1260mの山頂駅まで長さ7455mのロープウェイで登ることができます。

　山頂駅から天門洞の入り口までは遊歩道が整備されています。絶壁の縁に桟道が設けられており、途中2カ所はガラス張りの遊歩道になっており、1カ所は深さ300mの谷を見おろし、もう1カ所は日本の日光のいろは坂のように曲がりくねって昇ってくる自動車道を見おろせるスリルを、有料で提供しています。天門洞の入り口からは7基の地下エスカレーターを乗り継ぎ、底部に到着します。歩きたい人は1000段の階段を一気に下ることができます。

　天門洞は263年に山体崩壊によって突然出現したそうです。山頂の標高は1300m、その下に高さ130m、幅57mの縦長の穴がぽっかりと開いたのです。その後も山頂部への水の大規模な流入により、内部に大きな崩壊が起きていますが、そのような崩壊が起こると中国国内に吉凶どちらかの大きな事件が起こるそうです。吉の例は北京オリンピックの開催、凶の例は毛沢東の死去が挙げられていました。

開発会社は軽飛行機でこの穴を通過させたり、マウンテンバイクで石段を登らせたりと、いろいろな企画で宣伝に努めたようです。現在では武陵源とセットで国内外から訪れる人は年間2000万人になっています。

天門山や武陵源は古生代の3億年前に海底に堆積した石灰岩の地層が、その後の地殻変動で隆起しカルスト台地が形成され、6500万年前から浸食が始まり現在の地形が出現しました。

武陵源は張家界の北30㎞に広がり、その面積は500㎢です。中心の街（武陵源城区）は観光の拠点で、ホテルもこの地域に多いです。街の西側、中心地域からタクシーで5分もかからないところに、九重の塔が目印の張家界国家森林公園東大門があります。観光客はここで公園への入場券を購入しますが、プラスチックカードで入園の時に指紋を採られました。私が入手した入場券は4日間通用で4500円程度でした。

公園内には無料のシャトルバスが頻繁に走り、あちこちの観光スポットを結んでいます。シャトルバスのターミナルからは、有料ですが登山用のロープウェイ、ミニトレイン、ボートなどが設置されています。また332mのエレベーターも設置されており、上部200mは絶壁にへばりつくように、途中から岩盤が掘られ下部100mは地中に建設されています。

園内の遊歩道はよく整備され、近くから切り出したと推測される石のブロックで階段も造られてり歩きやすいです。石のブロックには貝やゴカイなど海息生物の化石が含まれ、太古の時代に海底にたまった地層であることを伝えてくれます。

中国人は武陵源では「詩人の心と画家の目を持て」と言います。林立する石柱群は奇岩怪石のオンパレードです。高さ数十ｍから400ｍの石柱が3200本も並んでいます。その中から「三人姉妹」、「西遊記の猪八戒の顔」など擬人化された奇岩を見るのです。

限られた日程ですと、ロープウェイで登れる天子山風景区をまず訪れ、上から谷を見おろします。この地域には約2000本の石柱があります。頂上に松の木が生え、それが毛筆の毛が立ったように見えることから「御筆峰」と呼ばれる石柱、その姿が花かごを持った女性のように見えたため「仙女献花」と呼ばれる石柱など、まさに鑑賞眼を駆使する世界です。石柱には岩だけでなく、頂上にも絶壁のあちこちにも植生があり、単なる岩峰とは趣を異にします。

十里画廊はミニトレインで谷を上がって行けますが、山水画の世界を彷彿させてくれます。願わくば天子山散策中は太陽が出ている、中腹から上を見上げる十里画廊では霧や雲が現われる、となると武陵源の深山幽谷が自然と伝わってきます。

街の中心から北側にある人造湖・宝峰湖では遊覧船に乗り湖上から、石柱林を鑑賞できます。この遊覧でも水墨画の世界を堪能できます。現在解放されている鍾乳洞は「黄龍洞」だけですが、内部の長さは5㎞以上あり、観光できるのはそのほんの一部だけです。

武陵源で感じたことは、もし自分が若かったら1週間ぐらい滞在し、公園内の峰や谷をゆっくりと歩き回りたいという事です。シニア層にはツアーで行くことを、そしてできれば必ず行くことを勧めたいです。

オーストラリア西部のパースの北北西220㎞にある「ザ・ピナクルズ」もまた石柱林の一種ですが、その形から石筍と呼んだ方がよいかもしれません。太古の原生林が化石となり残ったので、水の力ではありません。海岸に面した砂漠の中に林立する石柱群の別名は「荒野の墓標」です。「針の山」と表現したのは、石柱よりは高さは低いのですが数が圧倒的に多く先端の尖った細く小さな石柱や土柱が林立しているからです。尖塔と呼んでもよいかもしれません。

私が初めて見た針の山はアメリカ合衆国ユタ州にあるブライスキャニオン国立公園で、その自然美のすごさにものすごい衝撃を受けました。一つの谷の壁全体をおおうように林立する尖塔群に言葉もありませんでした。どの塔も先は尖り、高さは数十m程度で、「針の山」と呼ぶのが素直な実感です。ブライスキャニオンの標高は2600mで、その地形は雨水ばかりでなく、岩石の隙間に侵入した水分の凍結と融解の繰り返しで風化作用も進行して、この地形が作られました。

ブライスキャニオン国立公園はグランドキャニオン国立公園の北200㎞に位置し、砂漠の中に作られた都市、ラスベガスからも350㎞程度の距離にあります。アメリカ合衆国南西部のユタ州とアリゾナ州にまたがるこの付近一帯の、半径230㎞のエリアには10の国立公園と16の国定公園があり、「国立・国定公園の宝庫」グランドサークルと呼ばれています。行くときにはこの地域に3、4泊することによってコロラド高原周辺に点在する十数カ所の国立・国定公園を訪れることが

写真31　風化で出現したアメリカのブライスキャニオン

でき、アメリカ合衆国南西部の自然景観を見ることができるとともに、その開拓時代の姿を知ることができます。

またその東の地域にはメザバード国立公園やチャコ文化国立歴史公園では、10～12世紀に栄えたアナサン族の断崖に残る住居跡や高度な文化がうかがえる集落跡を見ることができます。恥ずかしながら私はこの地を訪れるまで、アメリカ合衆国にそのような民族が存在していたことすら知りませんでした。

同じような「針の山」はマダガスカルにもあります。マダガスカルはモザンビーク海峡をはさみ、アフリカ大陸の東４００㎞のインド洋に浮かぶ島で、その面積は日本列島の１・６倍、グリーンランド、ニューギニア、ボルネオに続く世界第４位の広さの島で、超大陸ゴンドワナの破片ともいえる島です。島全体がマダガスカ

写真32　マダガスカルで針の山見物の後はワオキツネザルの出迎え

ル共和国で、バオバブ、カメレオン、ワオキツネザルやアイアイなど30種を超えるキツネザルをはじめ多種多様な生物が生育しており、動植物に興味のある人にとっては、必見の島です。

マダガスカルの「針の山」はツィンギーと呼ばれ、「動物の住めない土地」を意味します。カルスト台地が鋭く削られた土地は人が住むどころか立ち入ることも容易ではありません。島の南西部のモザンビーク海峡に面したムルンダバァはバオバブ並木で知られていますが、この付近には全部で9種類あるうちの8種類のバオバブの木が生育しています。

ムルンダバァの北200㎞に位置するツィンギー・ド・ベマラハ国立公園はマダガスカル最大規模の公園です。園内には無数の尖塔群が広がり異様な光景を呈しています。カルスト台地の石灰岩が雨水によって少しずつ削られ、何万年もかけて現在の光景が出現しました。島の北端アンカラナ特別保護区には剣先のようにとがった石灰岩の連なるツィンギーの山や数多くの洞窟があります。

マダガスカル島内の移動は航空機と四輪駆動の小型バスがほとんどです。カカオが主な産物ですのでおいしいチョコレートがあり、また、コーヒーや紅茶も生産されています。シニア層にはやはりツアーで行くことを勧めます。

5　火山の驚異

地球上の景観を創造する一つの立役者は、火山活動です。太平洋の地図を広げてみると、ハワイ諸島から西へミッドウェー諸島へと続き、さらに北北西に向きを変えて天皇海山と呼ばれ、日本の歴代天皇の名前が付いた海山の列が存在します。またアリューシャン列島、千島列島、日本列島から、台湾、フィリピン、インドネシアの島弧と呼ばれる地形が形成されています。これらの島弧も海山列もその存在はすべて火山活動に起因しています。インドのデカン高原は溶岩が流出して形成された溶岩台地です。

そのような地形の創造は火山噴火の結果とも言えます。「火山噴火は地球上で起こる最も美しい現象」と表した火山研究者がいますが、大噴火という自然のスペクタクルは確かに壮観です。しかし、実際に噴火が起これば災害が起こるので、のんびりと噴火を楽しむことはできません。日本の火山でも世界のどの火山を見てもその状況は同じです。降灰のため空港が閉鎖され、観光客も動きが取れなくなりますので、ハワイ島の噴火以外、外国の火山噴火を見ようというような計画は勧められません。しかし、私は興味があれば次の2点の観光は勧めたいです。イタリアのリパリ諸島とポンペイです。

リパリ諸島はイタリア南部シチリア島の北東の沖合に点在する島々で、火山列島です。その北端にあるのがストロンボリ島、ほぼ南端にありシチリア島に最も近いのがブルカノ島です。ストロンボリ島のストロンボリ山は926mの山頂付近から、ドカーン、ドカーンとほぼ一定の間隔で、2500年以上も連続的に爆発を繰り返しています。その噴火は夜間には航海する船の良い標識となりギリシャ神話では「地中海の灯台」と呼ばれています。2019年7月の噴火では観光客に怪我人が出ています。このように一定間隔で小規模な爆発を繰り返す噴火様式を火山学では「ストロンボリ式噴火」と命名されています。

ブルカノ島は最高点の標高が500mありますが、島の中心を構成する噴火口の縁は150〜200mで、島の船着場から火口縁までは約1時間、火口縁の周遊に1時間、戻るのに40分と、3時間足らずで歩いて回れます。ブルカノ島の噴火はこの噴火口から起こり、爆発的で噴煙の高さは数千mにまで達します。このような爆発的な噴火は「ブルカノ式噴火」と命名されており、火山学は英語で「ボルカノロジー」ですが、この語源もブルカノ火山です。ギリシャ神話では火の神「ブルカン」が地下に居るとされ「地中海の溶鉱炉」と呼ばれています。これらの島々を含めリパリ諸島を訪れるにはシチリア島のメッシナから出ている連絡船に乗ります。ブルカノ島のすぐ北のリパリ島が観光の中心になりホテルも並んでいます。

驚いたことにリパリ諸島では、日本の九州南部では崩れやすく災害の元凶になっている火山灰のシラス土壌が、化粧品として販売されていました。シチリア島にはエトナ火山（３３２３ｍ）があり、紀元前６９３年から大噴火が繰り返され、溶岩が流出したりしています。

火山噴火は多くの災害をもたらし、大都市を破壊してきました。ポンペイもまた噴火によって破壊されましたが、厚く堆積した火山噴出物によって、２０００年後の今日まで当時の姿が守られました。これもまた火山の恵みの一つです。

ポンペイを破壊したベスビオ火山はイタリア中部ナポリ湾の東およそ10㎞に位置し、標高１２８１ｍの円錐形で、山腹から山麓にかけてなだらかなスロープを描く女性的な山です。ベスビオの南東10㎞にあるポンペイもナポリ湾に面した火山灰地の上に発達した風光明媚な都市でした。郊外からベスビオの山麓にかけては植物がよく茂り、ブドウの豊富な土地でした。

西暦７９年８月24日、長い間の沈黙を破ってベスビオは大噴火を起こしました。パラソル型に上昇する噴煙、火山灰や火山礫の大量の降下、発生した地震による激しい揺れと破壊など、当時のすさまじさが、記録に残されています。噴火からおよそ１７００年が過ぎた頃、ブドウ畑の下に何かが埋まっているのを農夫が発見したのを契機として、ポンペイの発掘が始まりました。20世紀になってポンペイの全貌は次第に明らかになってきましたが、21世紀になっても発掘は続き、最新の科学技術を駆使した調査・研究が継続されています。

ポンペイ市街の多くの建物は発掘され、円形劇場も往時の姿が見られます。建物の屋根はほとんど破壊されていますが、柱、壁、そこに描かれた壁画、葡萄酒の壺、石のテーブルやベッド、水道施設、石を敷き詰めた道路にはくっきりと轍が残り、横断歩道用の飛び石までもが完全な形で残っています。部屋の中に残る壁画や美術品、生活の道具類などを見ても、当時の富裕層の生活臭が残っているのではと錯覚するほどで、ポンペイ市民の生活水準が高かったことを示しています。

堆積した噴出物の中に居た人はもがき苦しみ亡くなったでしょうが、そこには人体の空間が残り、石膏で固められ保存されています。火山噴出物に埋まり骨だけになり発見された人型の空間に石膏を流し込み、人間の石膏像が何体も取り出されたのです。それぞれの石膏像はその人が迎えた死の瞬間の姿で、腕で顔を隠したり、子供を抱いたりと、襲い来る死に向かう姿は涙を誘います。石膏像は人間だけではありません。足を絡み合わせてもがき苦しむ犬の石膏像もあります。

近年は石膏像の修復もかねて、中に残された骨の研究も進んできています。骨や歯などの周辺から採取した試料によりＤＮＡの解析も始まりました。

ポンペイを訪れると、２０００年前の市民の生活が、新鮮な情報として見ることができます。遺跡内には博物館や展示空間も整備されています。ゆっくりと見るなら2日間ぐらいは欲しいですが、ローマからの日帰りも可能です。ローマを訪れる機会があれば訪れて、火山の恐ろしさとともに、

写真33　イタリア・ポンペイの発掘現場。道路には歩道や横断用の飛び石がある。火山堆積物の中に生じた人間や犬の体の空間を石膏で固めその最後の姿を残している

その恵みについても考える機会になればと思います。なお「青の洞門」のカプリ島はポンペイから指呼の距離です。

6　国立公園に行こう

アメリカ合衆国・ワイオミング州にある「イエローストーン国立公園」は1872年に指定された、世界最初の国立公園です。国立公園はアメリカを代表する傑出した自然景観を保護し、維持することを目的に制定されました。その後、この考え方は多くの国に伝わり、現在では南極を除く各大陸にあるそれぞれの国によって、国立公園が定められています。

イエローストーン国立公園は火山帯に位置し、その上に発達した森林にはクマやバッファローの大型動物をはじめ、数多くの動植物が生育し、保護されています。公園内はドライブができますがすべては動物が最優先で、少しでも動物を驚かすような行為は厳禁です。ある時バッファローが車道で出産したそうです。すべての車がストップし、バッファロー親子が立ち去るまで、2時間以上も動けず大渋滞を起こしたそうですが、イエローストーンだけでなく、アメリカの国立公園内ではあたりまえの事なのです。

園内のあちこちに温泉が湧き出ていますが、その温泉が硫黄分を含んでいて川原の石が黄色になっているので「イエローストーン」が地名になりました。

公園内観光の中心はマグマ活動に触れる間欠泉の見物です。予測された噴出する時間が近づくと人々は集まってきて、大きな輪となって噴出口をとり囲みます。やがて噴出がはじまり、温泉水の高さは数十ｍに達します。地下のマグマの活動を目の当たりにしたという感じで、人々の歓声が響き渡ります。

アメリカ合衆国は西部地域だけで、グランドキャニオン国立公園、モニュメントバレー、化石の森国立公園など20カ所以上の国立公園が集中しており「国立公園の宝庫」です。この国立公園の宝庫を第6章4でも述べたようにグランドサークルと呼んでいます。6億年前の先カンブリア時代の地層までも削り取った、全長４５０㎞におよぶ大渓谷はほぼ東西に横たわっています。グランドキャニオンはその中心ですが、ただ渓谷を見おろすだけでなく、例え1～2時間のハイキングでもよいですから、少しは下の方に降りることを勧めます。自然の驚異が迫ってくるでしょう。

サンフランシスコの東約３００㎞にあるヨセミテ国立公園は、氷河が削ったU字谷と森林の景観が素晴らしいです。U字谷は両側の壁がほぼ垂直に削られています。公園の中心地域には宿泊施設もあります。その近くにあるヨセミテ滝は谷底からの高さ１０９５ｍの一枚岩で、落差７３９ｍの滝です。雪どけ水が豊富な夏ごろまでは大量の水が落下していますが、秋から冬にかけては水量が少なく枯れてしまうこともあります。滝を見るには春から夏ごろまでが良い季節でしょう。

樹齢２７００年のセコイアの森林も見逃せません。小学生の時に読んだ本に、アメリカでは巨木

写真34　アメリカ・氷河地形の残るヨセミテ国立公園

に穴をあけて馬車か自動車を通すという話が出ていて、実際に写真もありました。それから40～50年後に自分自身がその場所を訪れ、記憶に残る写真と同じ光景を見ることができ感激しました。私なりの「アメリカンドリーム」です。夢を持ち続けることの大切さを再確認しました。

ヨセミテ国立公園では山火事が多いです。あちらこちらに山火事の跡があり、「これは今年」「あそこは3年前」などと言われると、日本で報じられる、遠い国の出来事と思っていたアメリカの山火事が、現実のものとなりました。

観光立国のスイスでは国立公園が1カ所だけしかありません。北東側のオーストリアとの国境付近のスイス国立公園だけです。ユングフラウ周辺、ツェルマット周辺、サンモリッツ周辺など、日本人の感覚ではスイスアルプスならどこでも国立公園にふさわしい場所が並んでいます。しかしスイス政府は国立公園には指定していません。これらの観光地にはロープウェイ、ケーブルカー、登山電車などが施設され、人間の手による環境破壊が起こっていると考えられています。

もちろん現在、どの観光地も自然環境を保護する取り組みは行われています。しかし、3000m、4000mという高山の頂上付近に大規模に人間の手が加えられているのでは、国立公園にはふさわしくないとの判断です。

日本では国立公園にどの程度の規制をかけているのでしょうか。北アルプスの中部山岳国立公園は昭和9年（1934年）に日本で国立公園の制度ができた最初に誕生しました。その後、公園内には黒部第四ダムが建設され、人造湖が出現し、さらに人造湖の観光を含めて長野県側から富山県立山をトンネル、ケーブルカー、ロープウェイなどで結ぶ一大観光ルートを作り上げました。

また岐阜県の新穂高温泉から西穂高岳に向かってロープウェイも建設され、2階建てのロープウェイが運航されています。

長野県の白馬村にはロープウェイやリフトが設けられ、大スキー場になりましたが、長野オリンピックの開催でさらにリフトなどが整備されました。

観光と自然破壊の調和はどこの国でも苦労していることでしょうが、日本の国立公園の環境保護は、基準が緩すぎると思い続けています。

アメリカ合衆国やスイス式の国立公園なのか、日本程度の国立公園なのかは別として、どの国でも国立公園を標榜する以上は一定の基準は満たされているようです。十分な情報を持たずに訪れた地での国立公園訪問は旅行中の一つの目的地として、失敗の少ない選択方法です。

7 人間の創造はすごい

人類が創造した最古の大きな建造物はエジプト・アラブ共和国の首都カイロ郊外のギザのピラミッドやスフィンクスでしょう（写真15）。4000～5000年前に創られ現在もその姿を保っているのは、それだけ人の手によって保守管理がなされていたからです。数多くのピラミッドが存在していたようですが、そのほとんどは砂漠の砂に埋もれてしまっています。

ピラミッドはファラオ（王）の墓ですが、ファラオを中心とする一握りの支配層が、彼らに支配された多くの奴隷たちを駆使することによって、ようやく完成された建造物でもあります。ギザの3つのピラミッドのうち最大の物がクフ王の墓とされており、中に入ることができます。狭い通路の長い階段を上ってたどり着いた先の広い空間（石の部屋）の中央に、ポツンと空っぽで縁が欠けている石棺が置かれていました。

ピラミッドと並び称される紀元前3世紀の秦の始皇帝陵や5～6世紀ごろの日本の仁徳天皇陵を中心とする百舌鳥古墳群も同じですが、死後の世界に執着した、当時の権力者の考え方の背景は現代の我々にはなかなか理解できないことです。人間として扱われたのは一部の支配階級だけだったからでしょうか。

　ピラミッド見物にエジプトまで行くのなら、ナイル川沿いの古都ルクソールや若くして亡くなった王・ツタンカーメの墓もある王家の谷、そしてアスワンまで訪れることを勧めます。「古代都市テーベと墓地遺跡」「ルクソール神殿」「カラブシャ神殿」「イシス神殿」など見所は尽きません。日数は2、３日長くはなりますが、シニアにはクルーズでナイル川を遡上しながらの観光が、自身の移動距離が少ない分だけベストです。

　ギリシャ、イタリアはもちろんトルコやモロッコなどエーゲ海や地中海沿岸地域はギリシャ、ローマ時代の石造物のオンパレードの地域と言えますが、現在残されているのはそのほんの一部でしかありません。しかし、多くの人類遺跡が観光地となっています。観光地となっている地域は保護管理が進んでいますが、そうでないところは破壊が進んでいます。世界遺産への登録は保護する政策の象徴かもしれません。石造物とはいってもその寿命は２０００～３０００年程度なのです。

　エーゲ海や地中海沿岸の観光はクルーズが最も効率がよいです。その中で特別に訪れたい場所があれば、そこを必ず訪れるツアーやクルーズを探すことです。

　私にとって印象に残る建造物はあちこちに残る円形劇場です。非常に数多く残されているので、思わぬ出会いがあり驚きました。ローマ時代に入ると建物の入り口の天井部分はアーチ形と呼べる半円形になるように進歩し、ギリシャ時代の建物には無いので区別できると教わりました。トルコ共和国西端のエフェソスで見た共同便所も印象に残っています。十数人が横並びに腰かけて用を足

写真35　エーゲ海に面したトルコ・エフェソスに残るギリシャ・ローマ時代の共同便所

せる設備が、当時のままに残されています。

話は横道にそれ、現代にとんでしまいますが、共同便所で記憶に残っているのがポーランドのアウシュビッツ収容所の便所です。プライバシーもなく横に並んだ沢山の便座は人間への尊厳も無く、同じように便座の並んだ共同便所でありながらギリシャ時代のおおらかさがほのぼのと伝わってくるエフェソスの便所とは大きな違いを感じました。

イランの古代ペルシャ文明の遺跡をはじめ、中近東地域には興味あるアラブやイスラムの文化の遺跡が点在しています。アラビアンナイトや千夜一夜物語などを読んで子供のころから行きたいと思っていた地域ですが、私にとっては現在も残された地域なのです。この地域の政治情勢では、魅力

写真36　ヨルダン・ペトロ遺跡

あるツアーがあっても参加を控えています。ヨルダンのペトロ遺跡もその一つですが、4000～5000年前のペルシャの石造物はぜひ見たいと願ってはいます。あとは自分の決心次第でしょうか。中東地域に一日も早く平和が訪れることを願う毎日ですが、私にとってはいつまでたっても実現できない「あしたの旅」です。

中国の万里の長城（写真21）は人類史上最大の建造物で、宇宙からもその存在が分かると言われています。中国の北部、東は河北省山海関から西は甘粛省嘉峪関に至る全長2400㎞の大城壁です。高さは6～9m、上部の幅は4・5m、春秋戦国時代に辺境を守るために築城され、秦の始皇帝が大増築して、この名が付いたようです。現在の長城は明代に築城し、当初の位置よ

写真37 メキシコのテオティワカンのピラミッド

りは南に下がっています。部分的には破損個所もありますが、2000年の長期にわたり良く保存されていると言えるでしょう。この長城を簡単に訪れる方法は、北京からの日帰りバス旅行が便利です。北京に2泊して、八達嶺と呼ばれる地域の観光になりますが、ルートもきちんと整備されています。

メキシコのマヤ文明も見たい石造物の一つです。メキシコシティ郊外の「テオティワカン」は神々の座という太陽と月のピラミッドがあり、古代都市が残されています。ユカタン半島北端のリゾート地カンクンを拠点に行けるのが、「チチェンイッツァ」です。周辺のいくつかの遺跡も、密林に没していたのが近年になって発見整備され、観光でも訪れることができるようになりました。太陽の動きを精密に予測して建設されたピラミッドは現

写真38　インカの遺跡ペルー・マチュピチュ

在でも、その価値は失われていません。

　ペルー共和国のインカ文明の遺跡も見ておきたい石造物です。インカは「太陽神の子」という意味で、その中心がクスコで１５３２年にスペインに滅ぼされるまで栄えた文明です。標高３３００ｍのクスコ市内の石の積み方は、カミソリの刃一枚も入らないほど、隙間の無い積み方で、現代技術でも難しいと言われています。クスコから東へアマゾンの源流域に電車で高度差１０００ｍを下ったところに天空都市マチュピチュがあります。電車の終着駅のある村の標高は２０００ｍ、そこから標高２４００ｍの遺跡まではくねくねした山道で専用バスが運行されており、30分で到着します。遺跡を見下ろす高台に立ち眺め続けても、次から次へと湧き出る「なぜ？　どうして？」の疑問への答えは出てきません。マチュピチュ村では2泊はしたいです。またクスコへ飛行機で到着した場合は、標高3000mの地であることを意識して、高山病対策として、ゆっくりとした行動を心がけてください。

紀元前2世紀から紀元6世紀ごろの間に描かれたと言われるナスカの地上絵も必見です。その全貌を理解するためにはぜひ遊覧飛行で見ることを勧めます。

インドのアラビア海に面したムンバイの東北東250km、デカン高原に位置するのがアジャンター、エローラの石窟寺院で、どちらも必見に値します。アジャンターの石窟寺院は川に面した玄武岩溶岩を横に掘り進み、地上にある寺院と同じような空間を作っています。玄武岩溶岩は噴出するとき発泡し、無数の孔がありますので、比較的細工しやすいのかもしれません。それにしても、柱も壁も掘らずに残し、中央に鎮座する仏像もそのまま彫ってあり、その掘削技術とともに、発想のすばらしさに驚かされました。馬蹄形の川筋に沿って仏教寺院が600mの長さに、紀元前1世紀から紀元7世紀までの間に掘りぬかれた、全部で32の寺院が並んでいます。

エローラでも仏教寺院に加え、ジャイナ教、ヒンズー教の石窟遺跡が併存しています。

カンボジアのアンコール遺跡のアンコール・ワット、アンコール・トムもまた人類の残した石造物です。アンコール・ワットはヒンズー教最大の石造りの寺院で、壁の彫刻は素晴らしいです。アンコール・トムは9～15世紀のアンコール朝の都城跡ですが、中心に立つバイヨン寺院の四面仏塔は必見の価値があります。

周辺には多くの寺院遺跡が残っていますが、中には100〜200年放置されただけで、完全に森の中に埋まっている遺跡もあります。石造りの寺を包み込むように根を張る巨木を見ると、改めて自然の力を痛感します。近くのシェムリアップに宿泊して、観光拠点にするのが良いでしょう。

写真39　インド・アジャンターの石窟寺院とその内部、すべて溶岩台地を削って造られている

写真40　チリ・イースター島のモアイ像

2泊すれば十分です。

イースター島のモアイ像も地球上に残る不思議な人造の像です。チリの西方4500㎞の太平洋の孤島のラパヌイ島（イースターの日に発見されたので英語名はイースター島）にはモアイと呼ばれる石像が残っています。高さが3〜5mのモアイ像は宗教的な要素（墓地の上に立てる）や集落の強さを表す象徴的な意味合いの像だったようですが、確実に解明されたわけではありません。ほとんどの像が倒れてしまっていたのを日本の企業が元の形に立て直す事業をして、現在はかなりのモアイ像が往時の形に並べられています。

この民族がどのようにしてモアイ像を作成し、運んで立てたかも未解明です。また立っていたモアイ像のほとんどが倒れた理由としては集落間の争いで、勝利の象徴として倒されたという人為説のほかに、地震によって倒れたとの説もあるようですが、解明には至っていません。日本からの観光ではサンティアゴからが便利です。島内にはホテルもありますが、かなり込んでいるようで、私はサンティアゴに滞在中に行くことを試みましたがホテルが予約できずあきらめ、改めて日本からのツアーに参加して訪れました。

巨大な人工物としてブラジル・リオデジャネイロのキリスト像とチリ・サンティアゴの聖母像をあげておきます。リオデジャネイロのコルコバードの丘の頂上は標高710mあり、街全体や大西洋も見渡せる眺望の素晴らしい所です。そこに高さ30mのキリスト像が建っています。山麓からはコルコバード登山電車で簡単に行くことができます。

サンティアゴ市の北側にある小高いサンクリストバルの丘の頂上は標高が810m、市の中心部よりも340m高く、市内を一望できます。頂上には台座の上の高さ14mの聖母像が建ち、白く輝く平和のシンボルとして親しまれています。頂上まではケーブルカーで容易に昇ることができます。14mの聖母像はそれほどでもありませんが、30mのキリスト像は山頂の開けた空間に建設されているので、「キリスト様を見上げる」感じとなり、迫力があります。

8　地球の割れ目に立とう

「地球の割れ目を見たい」あるいは「地球の割れ目に立ちたい」とは思いませんか。地球の表面は厚さ100㎞ほどのプレートと呼ばれる十数枚の厚い岩盤に覆われています。プレートは湧きだし口で地球内部から上昇して分裂し、その上に大陸を乗せて移動し、沈み込み口で地球の中に消えていきます。そのプレートとプレートの境界では、プレート同士が衝突したり、分裂したり、すれ違ったりしています。地球上の大きな地震活動や火山活動も、プレート境界で起きています。

そのプレートが分裂している線上に位置しているのが、アイスランドです。北アメリカプレートとユーラシアプレートの2枚の大きなプレートの境界で、分裂する二つのプレートにより、アイスランドは東西方向に、常に引っ張られていますので、南北に走る無数の線状の割れ目が見られます。その割れ目をアイスランドではギャオと呼びます（写真27）。大きなギャオですと幅が数十mもありますが、小さなギャオでは人がまたぐことができます。現地の人は、北の方向に向かって立ちギャオをまたぐと、右側がユーラシアプレート、左側が北アメリカプレートと説明します。実は、これはトリックで実際にはアイスランドそのものが二つのプレート境界に位置していて、どちらのプレートにも属しているとは言えないのです。ですからその境界の無数にある割れ目をまたいだからと言って、両足が二つのプレートに別々乗っていることにはなりません。しかし、アイスランドは確かにプレートの境界、地球の割れ目を実感できる場所です。

アイスランドには数多くの火山が存在し、噴火を繰り返しています。島のいたるところに地熱地帯があり、水蒸気を噴き上げています。ガイザーと呼ばれる間欠泉もあります。ブルーラグーンと呼ばれる地下100mから湧出している泥の温泉湖が多くの観光客の人気を集めています。地球の営みに興味がある人にとっては訪れる価値のある場所です。

アフリカ大陸の東側、エチオピアから、ケニア、タンザニア、さらに南へと続く総延長7000

写真41　巨大な露天風呂アイスランドのブルーラグーン

km の大地溝帯が南北に走っています。まだはっきりとした割れ目にまでは成長していませんが、大陸が割れ始めていると推測されている地域です。このアフリカ大陸を南北に縦断する大地溝帯を「グレートリフトバレー」と呼び、世界遺産に登録されています。この周辺のプレートの構造を示すプレートテクトニクスは複雑でシナイ半島から紅海にかけても割れ始めている地域、逆に言えば紅海も地球の割れ目であると言えます。そのような目で見ると紅海からアデン湾をはさみアラビア半島の西岸とアフリカ大陸の北東岸の海岸線の形は似ているように見えます。

私はこのグレートリフトバレーを北から南へドライブしたいという夢を持っています。もちろん自分が運転するレンタカーでは危険すぎるので、現地でドライバーを含めてチャーターして走ってみたいのです。

スタートはエチオピアの首都アジスアベバです。アジスアベバのあるエチオピア高原は標高２０００ｍを超える高原です。この高地でのトレーニングの結果、エチオピアには強いマラソン選手が育っています。アジスアベバから南を目指して、旅はスタートします。途中いくつかの世界遺産を通りながら、ケニアに入ります。

国境がどのようになっているかは分かりませんが、とにかくケニアに入ります。赤道を超えてタンザニアの世界複合遺産のンゴロンゴロ保全地区まではたどり着きたいです。第5章3で述べたようにンゴロンゴロ保全地区では、180万年前の人類の骨が発掘されており、人類はこの辺で発生し、世界に広がっていったと考えられています。

グレートリフトバレーの中には点々と湖水が存在し、火山も点在しています。野生動物も豊富です。ただ希望するような道路があるかどうかも判然としません。夢のまま終わるかもしれませんが、地球の大きな割れ目地帯をドライブしながら、そこに展開する大自然を楽しみたいのです。私の「あしたの旅」の夢の一つです。

9　地球上の花を愛でる

日本では古来より観梅、観桜、南から北への桜前線の追っかけなど、四季それぞれの花を愛でてきました。日本人は季節の花にとても敏感で、その感性はどの国の人たちより優れているのではないでしょうか。日本国内ばかりでなく、外国へ花の鑑賞旅行に出かける人も増えてきており、そのためのツアーも企画されています。

南アフリカ・プレトリアのジャカランダの花は人気があるようです。10月が花の季節ですが、街路樹のジャカランダが一斉に花開きます。市内全域で7万本の木があり、開花時季には街全体が、うす紫の花に埋め尽くされます。

せっかくプレトリアまで来たのなら、最南端のケープタウンや喜望峰も訪れ、南アフリカ内外の観光も楽しみたいものです。10日ぐらいの日程が得られれば、ジンバブエやボツワナ（ビクトリア滝の見物も含む）に行くことも可能です（第5章5参照）。

プレトリアほどではありませんが、ジャカランダの並木は北半球でも見ることができます。ギリシャ・アテネの公園にもジャカランダの並木はあり、6月頃が見頃です。

オランダはチューリップで有名ですが、キューケンホフ公園は国内の生産者が持ち込んだ多種多様のチューリップが植えられ、訪れた人々を圧倒します。せっかく訪れるのでしたらアムステルダム市内やキンデルダイク風車群なども訪れましょう。オランダは国土の3分の1が海面より低い土地ですが、見渡す限りの平坦な地形は日本では見られない光景です。少し郊外に出れば、すぐに地球の丸さを実感できます。

高山植物の花の季節を期待する人も少なくないようです。北半球なら6月下旬から7月中旬が良い季節です。ヨーロッパアルプス、アルメニアやジョージアなどのコーカサス山麓などで日本では見られない広大な地域で、高山植物の花が開いています。

ロッキー山脈や南半球のパタゴニアでも高山植物を楽しめますが、気軽に楽しめるのはニュージーランドです。11月中旬から12月、ニュージーランドサザンアルプスの山麓では、ニュージーランドドリリーやルピナスの群生が見られます。アオラギ（マウントクック）への登山基地、ハーミティジに滞在し、周辺を歩き回られることを勧めます（第2章6、第6章2参照）。

菜の花は日本でも春を告げる花として、桜と同じように親しまれてはいますが、外国まで見に行こうとする人は少ないようです。近年はその空気を破る現象が起きています。中国の江蘇省や雲南省には菜種油を採る広大な菜の花畑があり、花の時期には観光客誘致にも力が入れられるようになりました。

3月下旬、南京から揚州に向かう道路の両側には、桜、桃、杏などの花の競演が見られます。その花々の根元には黄色い菜の花畑が広がります。菜の花畑は揚州に近づくに従い広さを増していきます。揚州の北およそ１００㎞に新しい観光地として政府が開発した「千島菜花公園」があります。

中国東部に位置する江蘇省一帯は現在でも標高20ｍ足らずの低地です。この湿地帯に水路を掘り、その泥を四角く区切った地域に土を盛り、畑地として、採油のために菜花が植えられるようになりました。その裏作としては日本の里芋を大きくしたような芋が作られている、二毛作です。

その見渡す限り続く菜の花畑の一角を区切って菜花公園として観光に開放されています。公園内は決められた歩道を歩くだけですが、一周するのに1時間30分～2時間あれば、途中２カ所ある展望台にも上がって、中国の広大さを実感しながら、菜の花の黄色い絨毯を堪能できます。
公園内の水路を利用し、入り口から一番離れたところまで船で行くことも可能です。船は30人程度乗れるモーター付き船と、5、6人乗りの手漕ぎの船です。その漕ぎ手はすべて女性です。モーター付き船の乗り場は入り口を入ってすぐ左手、手漕ぎ船は入り口から延びる一本道の終点付近です。

現地ガイドの話では、菜の花畑に入ると服に花粉が付着して、洗濯しても落ちないので、入らないほうがよいと注意されました。歩道を歩くのが基本ですが、中国人の観光客の中には、畑の中に入り、菜の花に埋もれた写真撮影に歓声を上げる人々は少なくありません。遊歩道が水路を越える所では、太鼓橋ほどではありませんが、船の運航に支障のない程度に橋桁が高くなっています。展望台や橋の上から水路に区切られた菜の花畑が見られ、よくこんな畑を考え出したと人間の知恵に感心させられました。自然の地形を巧みに利用する日本の農業との違いでしょうか。

ここから長安への運河の掘削がはじまりましたが、この揚州運河は中国最初の運河です。

10　中国を知って日本を知ろう

中国に日本という国の存在が認識されはじめたのは、弥生時代からです。三国志の中の魏の史書に収められている「魏志倭人伝」が日本古代史に関する最古の史料とされ、邪馬台国やそこを治める卑弥呼が、魏に使者を送ったことなどが記されています。3世紀ごろの話です。5世紀に中国・南朝の宋に贈り物を届けた「倭の五王」の話が出てきます。五王は第16代仁徳天皇から前後数代の天皇とされています。このころの日本は中国よりも朝鮮半島との交流の方が多かったようです。

日本では推古天皇時代の607年に隋に使節を初めて派遣しました。小野妹子（生没年不詳）は隋に着くと翌607年には帰国し、再び遣隋使として留学僧らとともに派遣され、翌年帰国と3年間で2往復しています。

大陸文化や国際情勢を学ぶため、日本から統一された唐に公式な使節として遣唐使が、630年から894年まで十数回派遣されました。大使・副司ら数百人が数隻の船に分乗して、2、3年がかりで中国に派遣されたのです。唐の都は現在では西安と呼ばれている長安でした。日本から派遣された遣唐使はまず揚州に滞在します。現在でもそうですが、揚州は中国経済の中心であるとともに、中国へ入国する人々の入国審査の場所でした。長安を訪れる人はまず揚州に行き、そこで入唐の許可が出てようやく長安へ出発できるのです。日本人はもちろんヨーロッパからの人々も同じでした。その役所の跡は揚州市内に「唐城遺趾」として残っています。

奈良時代の貴族で文学者の阿倍仲麻呂（698-770）は遣唐留学生に選ばれ、717年に入唐しました。彼は博学で幅広い才能を有した人でした。多くの難関を突破し、唐の中枢の地位に出世していた仲麻呂は玄宗皇帝に重用され、唐の高官となり、節度使として安南（ベトナム）へ派遣され治積を上げ、日本への帰国は認められませんでした。

唐の学僧鑑真（６８６−７６３）は揚州に生まれ、長安で修行した後、故郷で大明寺の住職を務めていました。７４２年に遣唐使として日本から入唐し戒律の師を求めていた僧栄叡や普照らの願いを聞き、弟子たちに、日本に行き天皇らへの授戒をする意思を問いましたが、誰一人手を挙げませんでした。そこで55歳になっていた鑑真は自身が日本へ行くことを決意、渡航を試みましたが５回失敗し、その間に失明もしました。

７５０年に第12回の遣唐使の大使となって入唐した藤原清河（?−７７８）は、その帰国の第１号船に、日本への帰国を許された阿倍仲麻呂らとともに乗船しました。そして第２号船には鑑真とその弟子たちが乗船したのです。

船団は嵐に遭遇し、第１号船は安南にまで流され、二人は再び唐に戻ることになりました。望郷の念にかられながら、阿倍仲麻呂は故国の土を踏むことなく唐で客死しました。藤原清河は唐朝に仕え、唐の女性と結婚して娘が生まれました。清河自身は日本に戻ることができませんでしたが、後年その娘が日本に戻り藤原一族から大歓迎を受けたことまでは、中国の記録にあるそうですが、その後の娘の消息は不明です。

第２号船の鑑真一行は７５３年12月鹿児島に流れ着き、７５６年２月ようやく奈良の都に到着しました。鑑真は東大寺に初めて戒壇を設け、上皇になっていた聖武天皇以下に授戒しました。その後戒律道場として唐招提寺を建立しました。鑑真の弟子たちには優れた才能のある人たちが多く、

写真42　鑑真和上ゆかりの中国・揚州の大明寺

唐招提寺も揚州の大明寺の雰囲気を取り入れ、金堂の正面に並ぶ柱の列は中央が膨らむエンタシスで、アテネのパルテノン宮殿の柱列と似ています。同様の柱は法隆寺の金堂にも見られ、シルクロードを伝わってきた西洋文化の影響が読み取れます。

鑑真の死が近いと知った弟子たちが高さ80㎝の脱乾漆の座像を作らせ、現在は「鑑真和上座像」として国宝に指定され秘仏で、年1回だけ公開されています。20世紀の終わりごろそのレプリカが複数制作され、その一体は唐招提寺で常時拝観ができるようになっており、また大明寺の鑑真和上堂にも置かれています。鑑真は763年5月6日、唐招提寺の宿坊で波乱の多かった76年の生涯を閉じました。

エンタシスの柱や正倉院に残る数々の御物から、奈良はシルクロードの終着点と呼ばれます。また長安の都市計画は藤原京、平城京、平安京にも影響を与えています。

僧空海（７７４−８３５）は８０４年入唐、長安の青龍寺に滞在し、学び才能を開花させ８０６年に帰国しました。短い滞在にもかかわらずその才能は開花したようで、西安には碑も残っており、その拓本も売られています。短期の滞在で自分自身を磨き、中国でも名を残し、帰国後は日本全国を行脚し多くの逸話を残しています。中国と日本国内での数々の業績を考えると、空海・弘法大師こそ日本史上最大のスーパーマンと言えるでしょう。弘法大師の等身大の行脚像は大明寺や蘇州の寒山寺にも納められています。

日本への仏教の伝来は朝鮮半島の百済から５３８年に伝来し、国を治める一つの手段として、聖徳太子によって国内に広められていきました。その後は、入唐した学僧たちにより、多くの仏教文化が日本にもたらされました。浙江省の天台山は最澄（７６６又は７６７−８２２）、円珍（８１４−８９１）、栄西（１１４１−１２１５）らも訪れています。帰国後彼らはそれぞれの宗派の祖として活躍しています。13世紀には福建省の開元寺に道元（１２００−１２５３）が学び、帰国後は曹洞宗を起こしています。

西安はシルクロードを日本まで通した中継地です。現在の西安には始皇帝陵、兵馬俑、楊貴妃の温泉をはじめ多くの歴史的建造物が残っています。三蔵法師玄奘（６０２−６６４）が持ち帰った経典を訳した場所と知られる大雁塔も残っています。等身大の兵馬俑は皇帝陵を守るために作られましたが、発見以来発掘と研究が進み必見に値する博物館になっています。生涯に一度は訪れたい街です。

11　偉人の足跡を訪ねる

イタリアの北部ピサはガリレオ・ガリレイ（1564−1642）の街です。「それでも地球は回っている」という有名な言葉どおり、天文学者・物理学者であり近代科学の父です。駅の近くには生誕地を示すプレートが建物の壁に見られますが、もちろん生家が残っているわけではありません。有名なドゥオーモは駅から歩いて30分もかかりません。

実話ではなさそうですが、ガリレオが自分の脈を数え振り子の等時性を発見したランプは「ガリレオのランプ」として天井から吊られています。ブロンズ製で多くのローソク立てが円形に並びそれが数段になっています。

ガリレオが「落下の法則」の実験をした「ピサの斜塔」は、高さが55ｍほどのドゥオーモの鐘楼です。白大理石の柱の列に囲まれてはいますが、外側に手すりが無いので登って行くと怖いです。1174年から建設が始まり1350年には完成しましたが、その段階で、すでに傾きがあり、20世紀終盤からひどくなり、それを止める工事がなされていました。傾斜防止の工事は終了し、現在は観光客も登れるようになったと聞いています。修理前私が登った時は294段の階段でした。手すりが無いので、ガリレオは上から物を落とす役割の人の体を、どのようにして支えたのだろうか

写真43　イタリア・ドゥオーモとピサの斜塔

写真44　ピサの斜塔の隣の教会（ドゥオーモ）内にあるガリレオのランプ

などと考えてしまいました。

ドゥオーモに並んで納骨堂があります。床にぎっしりと並んだ墓碑銘、その下に遺体が埋められているのかと思うと、歩くのにも躊躇します。しかし教会の内部にお墓があるのはヨーロッパでは当たり前のようです。なおガリレオの墓はフィレンツェのサンタクローチェ教会にあります。この教会にはミケランジェロやダンテの墓、さらに原子物理学者フェルミの追悼プレートもあります。

ピサからフィレンツェへの中間にヴィンチ村があります。レオナルド・ダ・ヴィンチ（1452-1519）の生まれた村で小さな記念館もあります。駅から村まではバスですが便数が少ないので注意が必要です。なおレオナルド・ダ・ヴィンチは「ヴィンチ村のレオナルド」の意です。

イギリス・ロンドンの北西120㎞のストラトフォードアポンエイヴォンはシェークスピア（1564-1616）の生誕地です。町全体が文豪を誇りにしていることが伝わってきます。シェークスピアが誕生から青年時代を過ごした家の内部が当時の雰囲気で再現されています。ニュープレイス公園はシェークスピアが晩年を過ごした邸宅跡を庭園にして、公園となっています。劇場ではシェークスピア劇が上演されていますので、情報を仕入れていくと、生誕地で本物が見られる幸運に出会えるでしょう。私が観劇した時、劇場内の売店のおばさんが、「演劇はどうでしたか」と聞くので、「英語が理解できなかった」というと「私たちもそうですよ」と慰められました。

ホーリートリニティ教会にはシェークスピアが家族とともに眠っています。ロンドンのウェストミンスター寺院には墓碑銘があります。ウェストミンスター寺院ではイギリス王の戴冠式が行われ、歴代の国王の墓もあります。

ウェストミンスター寺院で大きな空間を占める墓が、物理学者であり数学者のアイザック・ニュートン（1642-1727）の墓です。ニュートンはロンドンの北160㎞のグランサムで生まれました。駅から10㎞のウールソープ村には生家とともに、2代目のリンゴの木も残っています。初代は1820年に枯れて、接ぎ木をした2代目だそうです。この木から次々に採取して日本を含む世界のあちこちに「ニュートンのリンゴの木」が植えられています。ニュートンの学んだケンブリッジ大学トリニティカレッジの門の脇にもリンゴの木が植えられています。ニュートンの部屋があった外側の空間に、20世紀の終わり頃に改めて植えられ、「ニュートンの庭」と称されています。

アメリカ・ワシントンDCに行けば、アメリカ第16代大統領のエイブラハム・リンカーン（1809-1865）の巨大な像に対面できます。市内の憲法庭園の西端のリンカーン記念館には高さ5・8mの椅子に腰かけたリンカーンの像が鎮座し、正面彼方に見える国会議事堂を見据えています。記念館の壁には「人民の人民による人民のための政治」の名文句が書かれています。市内の記念館にはリンカーンが暗殺された直後に運ばれたときに付着した血のついた跡が残るベッドなどが展示されています。

記念堂から数百m離れたポトマック川のタイダルベイスン畔には日本から贈られた桜の並木があります。西日本や関東地方よりはやや遅い開花で、4月中旬ごろを中心に桜祭りが行われています。

このように旅をしていると、あちこちで世界の偉人との思わぬ出会いがあります。自分とは雲泥の差の人々ばかりですが、その同じ土地の土を踏みしめることによって、自分自身がリフレッシュされるような気分になります。少しでも訪れる地の先人、偉人についての知識、情報を持っていくことを勧めます。新しい「あしたの旅」になるでしょう。

12 博物館・美術館巡り

外国の大きな都市には必ず博物館があり、その土地の成り立ちや歴史を理解するのに役立ちます。美術館では名の知れた名画のほかに、思わず自分の心に響く出会いがありますので、時間の余裕があるときは訪れたい場所の一つです。カイロのエジプト考古学博物館は古代エジプト遺跡からの出土品の宝庫で、観光客は必見の場所でしょう。またロンドンの大英博物館もエジプトやギリシャなど古代の美術品やエジプトのミイラなどの収集品の宝庫です。アテネの国立考古学博物館はギリシャ全土の遺跡からの出土品が展示されています。

外国には「自然史博物館」と称する博物館があります。これは日本では東京にある国立科学博物館の中の地球科学や動植物の展示を抜き出した内容と考えると理解しやすいでしょう。地球の成立から今日に至る過程、そしてその博物館の存在する国や地域がどのように形成され、どんな構造になっているかが示されています。さらにそこに生息する動物や生育している植物、そしてそれらの動植物と人間のかかわりや生活なども示されています。このような展示を見る一つのポイントは自分自身がそれぞれの示された時代を日本の歴史と比較しながらしっかりと理解することです。

日本列島が形を現しはじめたのは数千万年前からで、3000万年前には現在に近い形ができていたと考えられます。地球上に人類が発生したのは200万年前ぐらいからで、人間の祖先の最古の化石はアフリカのタンザニア西部で発見されており、180万年前と推定されています（第5章3参照）。日本列島に人間が住みだしたのはおそらく10万年前ごろからで、最古の遺跡は石器時代の5万年前ごろとされています。こんな数字を頭に入れておきますと、展示を見る目が変わってくると思います。

アメリカ・ワシントンDCの国会議事堂に向かうモールの両側にはスミソニアン博物館群があります。歴史、自然史、航空宇宙などほとんどすべてを網羅するような博物館と美術館が並んでいます。航空宇宙博物館には広島に原爆を落とした飛行機（エノラゲイ）も展示されています。

アメリカばかりではありませんが、歴史博物館を見るときは、やはり日本の歴史と対比しながら見るのが、面白いです。日本では卑弥呼の時代、聖徳太子の時代、平清盛の時代、頼朝の時代、信長、秀吉、徳川家康の時代などと考えていくと、理解が深まります。

アメリカではワシントンの独立宣言が1776年ですから江戸時代の中頃になります。ペリー来航が1853年で翌54年には日米和親条約が結ばれました。南北戦争が1861年に始まり65年まで続き、黒人奴隷が解放されました。このようなアメリカ史は日本人なら必ず中学校や高等学校で教えられています。井伊直弼が殺害された「桜田門外の変」は1860年で、1861年の南北戦争勃発と同時期です。さらに徳川慶喜により大政奉還がなされ、明治維新が1867年は知っていても、アメリカがようやく先進国として安定した歩みを始めた頃と同じであるという事には、なかなか結び付きません。

アメリカだからこのような対比が可能になりますが、エジプトではそうはいきません。ギリシャ、ローマなどの博物館でも同じです。彼らの栄えた時代は日本では縄文時代から弥生時代で、いわば神代の時代の話なのです。漫然と聞いたり見たりするのでなく、昔習った知識を少し整理しておくだけでも、博物館めぐりは楽しさが倍増します。

ロンドン郊外のグリニッジパークの小高い丘の上には旧王立天文台があります。現在観測そのものは条件の良いサセックス州に移されましたが、建物内部は博物館になっています。そして1884年に国際会議で決められた子午線0地点で、東経・西経0度の線が構内に示され、その上に立てば西半球と東半球の境に立つことになります。また出港する船に正確な時刻を知らせるために、正午に落下させたタイムボールが残っています。

美術館巡りも同じです。絵画の場合、好きな画家の絵を見たいのか、画家にとらわれずに美術館を訪れたいのかによって見方が変わります。私はゴッホが好きなので、どの美術館を訪れてもゴッホの絵画の有無をまず調べます。そしてその究極として、オランダ・アムステルダムのファン・ゴッホ美術館とアペルドールンのクレラー・ミュラー美術館を訪れ満足することができました。

ファン・ゴッホ美術館で初めてゴッホが浮世絵から影響を受けたという「ジャポニズム」を知りましたので、忘れることができません。

パブロ・ピカソもまたその作品を集中的に鑑賞できる巨匠です。スペイン・バルセロナのピカソ美術館には少年時代の作品が並んでいましたし、パリのピカソ美術館はピカソの大コレクションで知られています。

同じ巨匠でもレオナルド・ダ・ヴィンチについては、私はモナ・リザやイタリア・ミラノのサンタ・マリア・デッレ・グラッツェ教会の「最後の晩餐」ぐらいしか知識がありませんでした。ただ最後の晩餐に関しては20世紀の終わり頃の修理の最終段階で、ゆっくりと鑑賞できた記憶があります。その後は鑑賞するのに予約が要るようで行っていません。自分自身の不勉強ではありますが、何の知識も無くて訪れたロシアのサンクトペテルブルクのエルミタージュ美術館で「リッタの聖母」、ポーランド・クラクフで「白貂を抱く貴婦人」を見ることができて幸運でした。

写真45　イギリス・グリニッチの旧王立天文台の経度0度線

美術館巡りをする場合には、やはりその美術館の目玉の展示だけは見逃さないようにすべきです。アムステルダム国立美術館ではレブラントの「夜警」、スペイン・マドリードのプラド美術館ではベラスケスの「官女たち」、ノルウェー・オスロのオスロ国立美術館のムンクの「叫び」などは、それぞれの目玉の展示です。しかし、急いで見ていても、時に自分の琴線に触れ立ち止まってしまう作品も少なくありません。

そんな中で是非時間をかけて見て欲しいのが、バチカン美術館です。ローマ教皇による数多くの美術品が収蔵されています。ミケランジェロの「最後の審判」は1時間見ていても飽きませんでしたが、その他にも見るべき作品が並んでいました。1カ国でも多く訪問したいという人には、バチカンは短時間でも訪問できる国ですから、ローマを訪れたときにはぜひ1日観光をして欲しいです。

13 寺院巡り

私はキリスト教徒ではありませんが、外国では教会を訪れることが多いですし、好きです。ほとんどの街にある教会は、扉は締まっているようでも押せば開いて中に入れます。すると自然に厳粛な空気を感じはじめ、ゆっくりと内部を鑑賞できます。田舎の教会で素晴らしいステンドグラスに出会ったことがありましたが、とても得した気持ちになりました。

これまで数多くの教会を訪れましたが、驚かされた教会が2カ所あります。一つはローマのサンタ・クローチェ・イン・ジェルサレンメ聖堂です。ここにはキリストが磔刑になった十字架の断片と釘、いばらの冠の棘などの聖遺物が、教会の宝物として保存されているとのことでしたが、私は見ることができませんでした。驚いたのは断片とはいえ十字架が残っているという事でした。

もう一つはアルメニアの首都エレバンのエチミアジン大聖堂です。アルメニアは世界で最初にキリスト教を国教にした国で、エチミアジン大聖堂はキリストが降誕した地点を中心に建てられたそうです。そこの宝物館にはキリストを突き刺した槍とノアの箱舟の断片が展示されていました。槍はキリストのわき腹を刺した兵士の名をとり「ロンギヌスの槍」と呼ばれています。この槍はエレバンの南東30㎞の岩山を掘りぬいた洞窟寺院のゲハルト修道院にあったのをこの教会に移して、寺宝として大切に保存しているのだそうです。２０００年も前に使われた槍ですから、当時はともかく今見ると刃もなく、とても切れ味鋭いとは呼べない形です。こんな槍で突き殺されたらさぞ苦しんだのだろうと気になりました。

ノアの箱舟の流れついたアララト山（５１６５ｍ）は富士山のような火山で、その南東には小アララト山（３８９６ｍ）があり、両山とも現在はトルコ領になっていますが、もともとはアルメニア領で、アルメニアの人々にとっては聖地です（写真5）。箱舟の流れついた付近で発見された木製の板が箱舟の断片とされています。どちらの教会の聖遺物も信仰の深さを示しています。このような品々を拝観するときは、私は自分の自然科学的思考を停止させることにしています。宗教は理

写真46 アルメニアの首都エレバンのエチミアジン大聖堂の宝物館のロンギヌスの槍

屈ではありません。

バチカンのサン・ピエトロ大聖堂はカトリック教会の総本山として、信者でなくても見ておきたい教会です。イタリアの都市の中には「ドゥオーモ」と呼ばれる教会があり、それぞれの歴史を語ってくれます。

パリのノートルダム大聖堂はゴシック建築の傑作ですが、２０１９年４月15日、火災によって破壊されました。尖塔が焼け落ちる様子がテレビで放映されましたが、なすすべもなく見守る市民の無念さが画面から伝わってきました。ノートルダム寺院にもキリストが磔刑前にかぶっていたとされる冠や十字架に打たれていた釘が聖遺物として存在していたことは、この火災の報道で初めて知りました。自分の勉強不足を再認識させられました。

貧しい人々に捧げる教会としてスペインのバルセロナで１８８２年に着工された「聖家族教会（サクラダ・ファミリア）」は、着工翌年にはガウディが設計を引き受け、家族を表す18本の塔が建てられる予定だそうですが、現在は８本が完成しています。建築は現在も進行中ですが、建設資金

写真47　フィンランド・ヘルシンキの岩盤をくりぬいたテンペリアウキオ教会

はすべて寄付金で賄っているとかで、完成の予定は分からないようです。

非常に印象に残っている教会がブルガリア・ソフィアに二つあります。聖ペトカ地下教会とアレクサンドル・ネフスキー大聖堂です。地下教会はオスマン帝国支配化で建てられ、地表に屋根だけ出ているように見える教会ですが、内部は美しく飾られています。アレクサンドル・ネフスキー大聖堂はたまたま私が滞在していたホテルの近くにあったので、時間があると覗いていました。地下のイコン博物館が有名なようですが、夕方になると流れる男性の歌声に魅了されました。澄んだ声でかなり遠方まで聞こえる歌声は、一日の疲れをいやしてもくれました。

フィンランド・ヘルシンキのヘルシンキ大聖堂は海からも見え、町のシンボルですが、街の西方にあるテンペリアウキオ教会も訪れる価値があります。地球上に残る最古の地層に属する岩盤をくりぬいて造られた独創的な大きな教会です。

　ポーランド・クラクフの近くにあるヴィエリチカ岩塩採掘抗は13世紀から今日まで休みなく稼働している、最も古い採掘所の一つです。現在公開されている地下の観光ルートは3・5kmに及び、岩塩を掘ったいろいろな彫刻が楽しめますが、圧巻は地下101mにある「聖キンガ礼拝堂」で、キリスト像をはじめすべてが岩塩と結晶塩でできています。

　ニュージーランドのクライストチャーチ大聖堂は2011年の大地震で完全に崩壊しました。崩壊前の教会内部にはパイプオルガンがあり、毎週木曜日の昼には特別演奏がありました。滞在中は昼に聞きに行くのが楽しみでした。教会ではこのような音楽的な催しがありますので、訪れたらポスターやビラに注意して、時間があればそれぞれの楽しみ方をされると良い思い出ができるでしょう。

　イスラム圏の国に行ったときにはモスクも訪れるとよいです。トルコ共和国・イスタンブールの通称ブルーモスクは6本のミナレット（尖塔）がある特別な構造です。近年は博物館として機能していましたが、2020年にはトルコ大統領の命令で、再びモスクとして使われはじめたとの報道がありました。建設当初はキリスト教の教会、それからイスラム教のモスクになり、その後は博物館だったのです。すぐそばにあるアヤソフィア（聖ソフィア大聖堂）とともに、両方を見物すれば、モスクの概要や、イスラムの人たちの考え方の概要も理解できます。

　モスクへの女性の入場は許されている領域と許されない領域がありますから注意が必要です。また教会にしても、モスクにしても宗教的な施設は肌を露出した服装ですと、入場を拒否されることがあります。暑いからといってタンクトップ、短パンなどの服装はホテル内ではともかく、外出時には控える方が賢明です。

インドやインドネシアのヒンズー教の寺院でも、肌を露出した服装では、入場を断られることがあります。寺院を訪れるときには最初から服装には注意しておいた方がよいでしょう。寺院によっては肌をおおうそれなりの品を貸してくれるところもあります。しかしそのような品の貸し出しは、新型コロナウイルス騒動以後はどうなるか分かりません。事前の調査が必要ですが、本当に見物したいなら、最初から入場できる服装で行くべきでしょう。

タイやミヤンマーの尖塔が高くそびえる仏教寺院も、訪れた寺々で、それぞれいろいろな感銘を受けたことがしばしばあります。

14　街並み

見知らぬ土地へ行っても、ツアーで行ったような場合、自分一人では、ほとんどホテルの外に出ない人がいますが、とてももったいないです。その国、その街を知るには、少しでも歩き回ることです。ホテルに着いたらまず周辺の地図をフロントで入手することです。私は可能ならば朝食前にホテルを出て周辺をまず一周します。長期滞在なら動き回る範囲を毎朝少しずつ拡大したり、出かける方向を変えることにより、その街が分かってきます。夜は危険な地域でも朝は静かなときがほとんどです。

朝の散歩で注意しているのは犬への遭遇です。欧米では飼い犬の散歩でリードをつけない人にも出会いますし、その国のルールも知りません。飼い犬ばかりとは限りませんし、どんな病気を持っているかも分かりません。とにかく散歩中に犬には近づかないのが私の自分自身に決めたルールです。

時間があればスーパーマーケットにも入ります。日本でも同じですが、スーパーマーケットにはそれぞれの土地の独特な風景や匂いがあります。それを体感することによって、その土地の理解が進むのです。牛乳や卵の値段比較、珍しい果物など、興味は尽きません。ヨーロッパのスーパーマーケットでいつもうらやましく感ずるのはチーズの安さです。販売単位も1kgなどと言われるとびっくりします。でもそのようなことを知るのが旅行です。まず街へ出て、自分の足で歩いてみることです。

私の記憶に残る街歩きはニューヨークの五番街でもパリのシャンゼリゼ通りでもありません。オーストラリア西部の都市パースの郊外に位置するフリーマントルという小さな港町です。1960年代のオーストラリアやニュージーランドでは、商店もオフィスも夕方5時になるとぴたりと店を閉じ、就業時間は終わります。当時オーストラリアに駐在していた日本の商社マンの話ではオフィスの女性が、あと一語打てばタイプの原稿が完成するのに、5時になるとぴたりと止めて帰宅すると嘆いていました。

12月のオーストラリアは真夏です。夕方5時でも太陽は輝いています。商店やオフィスはひっそりと静まり、開いているのはレストランと、コーヒースタンド、新聞やパンなどを売る小さな店が数軒です。人通りの絶えた繁華街の入り口にはトナカイが曳くそりの上に乗るサンタクロースが飾られ、真夏の季節ながらクリスマスの近いことを示しています。

その時私は越冬のため当時の南極観測船ふじで昭和基地に向かう途中で、1週間の滞在で補給が終わったふじが出航する前夜でした。夕食が終わりいよいよ出発だと考えていたとき、私はしばらくケーキを食べていないことに気が付きました。アルコールを一切受け付けない私にとっては、ケーキとコーヒーが日常の楽しみでしたが、日本出航以来、まったく口にしていませんでした。

そこで最後の夜だからケーキを食べようと、一人で町に出かけました。ところが当時のフリーマントルには日本の喫茶店に相当するような店はありませんでした。あちこち探しまわりましたがコーヒースタンド的な店しかありませんでしたので、仕方なくその店に入りました。しかしあるのはドーナツとクッキーぐらいで期待したケーキはありませんでした。とにかくコーヒーを飲みドーナツを食べ、船に戻る途中の事でした。

小さな町で繁華街の道路も短いのですが、道路に沿う商店のショーウインドーからは光が漏れ、暗くなった道を明るく照らしていました。こんなに明るくしなくてもと思いながら歩いていると最後の店は特に明るく派手な色彩でした。そのショーウインドーには女性の下着がこれ見よがしに並んでいました。明日出航したら1年4カ月、女性を見ることのできない若者にとってはとても刺激的な光景で、半世紀以上が過ぎた今日でも、真夏のサンタクロースとともに、思い出に残る街の風景です。

オーストラリアやニュージーランドの商店の夕方5時閉店は、１９７０年代からは少しずつ改善されてきています。大都市の繁華街の土産物店などは午後8時まで開いているところもあり、時代の要求なのか、人々が勤勉になったのか、とても興味があります。

旅をしていると大都会や有名観光地ばかりでなく、ちょっとした小さな町でも、思いがけない出会いがあり、それが心に残る思い出になります。地球上に「つまらない場所はない」のです。

15　野生動物

農耕民族の末裔である私たち日本人の多くが野生動物に憧れるのは、やはり人間の本能だからでしょうか。野生動物を見るのは楽しいです。北極のシロクマ、アラスカのブラウンベア、北アメリカのバッファローなど、さらに南アメリカのジャガー、インドゾウやボルネオゾウなど、各大陸それぞれに特有の動物が生息しています。しかし一度に多種多様の野生動物を見るには、やはりアフリカ大陸です。

アフリカの現地に行って知ったのですが、北から南へ2～3週間かけて大型のジープで縦断するようなツアーもあるようです。若ければこんなツアーに参加するのがアフリカを知るベストの方法でしょう。車に乗っている年齢層は当然若者が多く、国籍の違う若者同士、旅の終わりごろには互いにずいぶん成長するのだろうなと思いながら、見ていました。

シニア層でも、時間のある人はゆっくりと1カ月ぐらいをかけて、大陸内をあちこち回るのが理想ですが、政情不安な地域や国もあり、無難なのは日本からのツアーに参加することです。ただ日本の旅行会社のツアーはどこの会社でも期間が短すぎます。長くても出発から帰国までが10日間程度ですから、現地での観光は1週間以下になります。地球のほぼ反対側に行くのですから、それも何回も行ける人は少ないですから、そのチャンスを最大限に生かすには、2週間から3週間の日程のツアーがあればよいのに、といつも考えています。

アフリカの動物で人気のあるのは「ビッグ5」と言われるライオン、アフリカゾウ、サイ、バッファロー、ヒョウです。このうちヒョウだけは中東からインドまで生息していますが、その他の4種はアフリカだけに生育している動物です。

そのほかの大型動物はキリン、シマウマ、カバ、チータ、ゴリラ、チンパンジー、ワニ、南アフリカのダチョウなど見るべき、あるいは見たい動物はいくらでもあげられます。ツアーはもちろん個人旅行でも、これらの動物を見るには現地で観光用の車に乗って、あるいは川や湖をボートに

写真48　ケニア・ビッグ5の絵葉書

乗って、国立公園内を観光することになります。

ゴリラやチンパンジーはルワンダやウガンダまで行かないと見ることはできないようですが、その他の動物はケニアやタンザニア、ボツワナ、南アフリカなどで十分に見ることができます。特にタンザニアの北西部の巨大クレーター内の自然動物園はンゴロンゴロ保全地域としてサファリ観光の目玉と言えるでしょう。

観光をしていて気が付くのは、シカ類の数の多さです。少しドライブすればすぐ目に入ります。これだけ草食動物がいるから肉食動物も生きてゆけるのだと感心させられます。現地のドライバーの多くはすごい視力を持っていて、遠方に居る動物をすぐ識別して教えてくれますが、教えられても私たちの肉眼ではなかなか識別できないことがあります。動物観光には双眼鏡は必携の道具です。

ゾウやキリンなどはドライブ中に簡単に見ることができます。近くを車が通っても平気で草を食んでいます。カバは集団でいる場所が決まっているようで、ドライバーが連れて行ってくれます。サイとライオンは草むらに居ることが多いので、ドライバーの目が頼りになることが多いです。チータとヒョウは夜行性で、昼間はなかなか見ることができません。

ライオンはメスが集団で１匹の獲物を襲う、自分より大きな動物は襲わないと聞いていましたが、その事実を覆す現場をケニアで目撃しました。ドライバーが車の左前方の草むらにメスライオン１頭を見つけました。双眼鏡で見ていましたら、ライオンが草むらの中に沈むように隠れました。

私たちの目の前１００ｍぐらいの所を４頭のキリンが右から左へ、つまりライオンのいる方向へと道路を横断していきました。すると突然先頭のキリンが私たちの方向に走り出し、２頭目、３頭目が続いてきました。その３頭目の後をライオンが追っているのです。４頭目は反対側へと逃げていきました。ライオンは50ｍほど追いかけ、すぐあきらめたようで、彼女の狩りは不成功でした。若いメスライオンがたわむれに追いかけたようです。ライオンが去ると４頭のキリンは、死寸前の場を経験したにもかかわらず平然と歩きだしました。野生の動物の生態を目の当たりに見せられた出来事でした。

文豪ヘミングウェイがケニアでテントを張って狩りをしながら、名作『キリマンジャロの雪』を執筆した跡には、ホテルが建てられアンボセリ国立公園として周辺は保存されています。雨季は４

写真49　ボツアナ・ザンベジ川を渡る象の群れ

月からと聞いていましたが、私が訪れたのは3月の初旬なのに大雨で道路も泥沼化していました。そんな中で遠方の象の群れが泥沼にはまった様子が見られました。大人のゾウは腹まで泥につかる程度でしたが、小ゾウが首までつかり鼻を盛んに振っていました。私たちは小ゾウの無事を祈りながら走り去るだけでした。

林の中から2頭の雄ライオンが現われ、右手から停車して眺めている私たちの車に近づいてきました。先の1頭が3台の車列の前を横切り、2台目に乗っていた私の車の左5、6mのところに来て座り込みました。その姿はまさに「三越のライオン」でした。もう1頭は私たちの右側に近寄り、そこで放尿を始めました。その時間の長さに驚いていると、ようやく歩き出し、やはり車列の前を横切り1頭目のライオンより20ｍぐらい離れて、反対向きに座り2頭とも動かなくなりました。人間を気にしているのだろうとは思いますが、その無視して平然とする姿にさすが百獣の王の貫録を感じました。

この時に降った雨はキリマンジャロでは雪になったようで、翌朝には真夏のアフリカにもかかわらず、標高4500ｍと、かなり下まで雪におおわれていました。写真で見る限り、真夏のキリマンジャロの雪は標高5000ｍぐらいまでのはずです。キリマンジャロのこんな姿が見られたのは幸運でした。

16 シルクロードのオアシスを訪ねる

シルクロードの存在を知ったのは高校の授業で教わったからです。それ以来「一度は全部を歩いてみたい」と夢を持つようになりましたが、その内容を知れば知るほど、全行程の踏破はとても無理だと気が付き諦めました。そこでシルクロードの中に点在するオアシスと呼ばれた町を訪れることに目標を変えました。その夢は持ち続けていましたが、それが実現したのは、夢を抱いてから半世紀以上も経ってからでした。

シルクロードは1世紀ごろから東西を結ぶ交易路として発展していきました。主に中国の絹をヨーロッパからさらにはアフリカまで運ぶ役割があったので「シルクロード」と呼ばれていましたが、逆に多くのヨーロッパの品々がこの道を通りアジアにも運ばれたのです。

シルクロードの起点は中国の長安（現在の西安）、終点はトルコを通ってイタリアのローマと習った記憶がありますが、実際はヨーロッパの大きな都市とは通じていましたので、ローマが終着とは決められないようです。またヨーロッパからの品々は長安から日本にも運ばれ、奈良の正倉院には数多くのヨーロッパの品物が収納されていますので、シルクロードの終点は日本という人もいます。

いずれにしてもシルクロードは東経10度から東経110度の交易路ですから、その長さは10000㎞を超えるでしょう。西アジアではゴビ砂漠、タクラマカン砂漠などの砂漠地帯やパミール高原を越える難所の連続のルートでした。その途中に設けられた宿場がオアシスと呼ばれています。宿場では砂漠の中でも深い井戸から水を得ることができ、旅の疲れを休められます。それぞれのオアシスには砂漠を旅する商人たちのための隊商宿が設けられています。隊商宿はラクダも入れる大きな部屋があり、ラクダと一緒に宿泊できました。一緒でないとラクダが盗まれる可能性があったからです。

オアシスの代表として覚えたのがソ連・ウズベク共和国〈現ウズベキスタン共和国〉のサマルカンド、タシュケントでした。イスラムの世界、バザールでの交易風景などを思い浮かべていましたが、実際に訪れてみると期待通りに見る価値のある町でした。大変感激したのは旧ソ連の各共和国の中でも、ウズベキスタンは最も治安が良く日本を尊敬している国だと知りました。

現在は首都になっているタシュケントのオペラハウスは第二次世界大戦直後にシベリアに抑留された日本兵が、この地まで連れてこられて建設した建物でした。彼らは乏しい食事に耐えながら、一生懸命に建設に励まれたようです。わずかなスープを空き缶で作った自作のスプーンで、一すくいずつ口に入れ少しでも口中にとどめ味わいながら飢えをしのぐ生活しながら、立派に建物を完成させました。その仕事ぶりを見ていた地元の人たちの間では、自分の子供たちに日本人のように勤勉になることを奨励したそうです。

日本人の評価をさらに高める出来事が起こりました。オペラハウスが完成して20年もたたない１９６６年４月26日朝、タシュケントでマグニチュードが５に近い地震が起こりました。震源が３㎞と浅かったため、大きさの割には被害が大きく数多くの近代的なビルが破壊されました。しかし日本人が建設したオペラハウスは無事で、改めて日本の技術の高さと誠実な仕事ぶりが高く評価され、国を挙げて日本に学べと親日国となりました。

旧ソ連内では最も治安が良い国ともされていますが、それだけに鉄道の駅のセキュリティチェックも厳重でした。ところが日本人のグループは現地のガイドが説明すればすべてフリーパスで、並んでチェックを受けている欧米の旅行者のグループの横を、通過させてくれました。改めてシベリア抑留で苦労された方々への崇高の念を抱きました。

タシュケント、サマルカンドとも空の青さとモスクや廟の屋根の青が際立つ美しさを見せてくれました。隊商宿での食事も楽しめます。砂漠の中のオアシスとはいえかなり広い都市空間が形成されているのに驚きました。

中国のシルクロードのほとんどは砂漠の中を通っています。その一部は西遊記の世界でもあります。シルクロードはゴビ砂漠とタクラマカン砂漠の接するあたりでやや北に向きを変え、トルファンで天山山脈の北側の天山北路と天山南路に別れます。天山北路は烏魯木斉（ウルムチ）からカザフスタン共和国へと続きます。オアシス都市だったウルムチは現在人口300万人の大都会へと発展しています。21世紀に入って顕在化した中国政府によるウイグル族弾圧の本拠地にもなっているのです。

天山南路はトルファンの手前（南東）の敦煌でタクラマカン砂漠の北側を通る西域北路と南側を通る西域南路に別れ、西端のカシュガルで合流します。私が特に興味を持っているのはゴビ砂漠とタクラマカン砂漠の接する地帯で、楼蘭の東側に位置する「さまよえる湖」の別名があるロプノール湖です。天山山脈の南側を流れるタリム川はやがて消えて地下水流になり、砂漠の地下を流れるため、オアシスで井戸を掘れば水が得られるのだそうです。その流れや降水が地上に現れ涵養するのがロプノール湖で、その時の条件で水がたまる場所が変化し、「さまよえる」と言われるような現象になったのです。現在は中国の核実験などの軍事施設があり立ち入り禁止区域になっていますので訪れることはできません（すでに述べたように解放されたとも聞きますが定かではありません）。

トルファン周辺にも多くの遺跡が残っています。紀元前1世紀ごろから存在し、5～7世紀にはオアシス国家として栄えた高昌故城は、当時の城郭が残っており、広大な敷地の中を電動カートで

写真50　中国・孫悟空が活躍した火焔山、海抜０ｍの山麓に並ぶ観光用の馬車

観光できます。６２９年に長安を出発した玄奘三蔵が2カ月滞在して、その時の皇帝に説法した寺院も屋根こそありませんが各建物の壁や基壇は残っています。皇帝から帰りも寄るようにと請われ、およそ15年後に訪れたときには既に皇帝は亡くなり廃城になっていました。

火焔山は西遊記での孫悟空活躍の世界です。天山山脈の東端に位置し、幅が約９km、全長およそ１００kmにわたり東西に標高五百数十ｍの山脈が続いています。そのなかでも火焔山として観光地になっている一帯は山の頂から山麓にかけタテの割れ目が並び、夏場には強い日射で陽炎が立ち、山全体が燃えているように見えるのです。孫悟空が鉄扇公主と戦って手に入れた芭蕉扇という大きなうちわで火を消して玄奘三蔵一行は通過したのです。驚いたことに観光客が訪れる火焔山の麓は海抜０〜15ｍとほぼ海面と同じ高さでした（第６章２参照）。

敦煌はオアシスであるとともに中国仏教美術の源流です。あちこちに「○○千仏洞」と呼ばれるような遺跡が点在していますが、それは横穴の石窟の壁に描かれた仏画があるところです。その最高傑作が莫高窟です。

莫高窟は735窟の総面積45000㎡の壁面に彩色された仏画が描かれ、2400余体の塑像が並ぶ大遺跡です。この付近一帯は大小の礫が堆積した沖積層で、河川によって作られた地層です。川に面した断崖に横穴を掘り、大きな空間を作り積み重なった礫の露出した面に壁土を塗り重ね、平面を作った上に仏画が描かれています。

塑像の置かれている部屋は壁画のほかに、洞の中心最奥に阿弥陀如来が鎮座し、その両側にそれぞれ3体ずつの像が並ぶ形が多かったです。奥に鎮座する仏像に阿弥陀如来が多いのは、やはり極楽浄土を願う人々の信仰の結果だと、私は勝手に解釈しています。壁画そのものが民衆に仏教を理解させる手段だったのでしょう。

4世紀に一人の僧によって始められたこの作業は、その後多くの人が加わり受け継がれ14世紀までに現在見られる形になったようです。そしておよそ600年の年月を経て、20世紀になって改めて発見され現代の我々の目に触れられるようになりました。石窟の中には個人が家族のために造ったものもあります。

史跡保存のため莫高窟の観光は人数が制限されており、事前に予約した人しか入場できません。観光も4、5窟程度で、多くてもさらに2、3窟見られるだけです。しかしそれだけでも十分に理解できるよう、ポイントとなる石窟を見せるようにしているようです。

莫高窟の近くには国立の莫高窟美術院研究所が併設されています。研究所では壁画と塑像それぞれの専門部門があり、莫高窟内の壁画や塑像の修理、修復、研究などに日夜取り組んでいます。この研究所の研究者たちにより、莫高窟は保護され続けているのです。この研究所は莫高窟ばかりでなく中国国内はもとより、国外の壁画の修復などにも協力しています。

壁画の模写はプロの画家なら誰でもできるのだろうと、知識のない私は簡単に考えていましたが、それは大変な間違いでした。どの壁画でもまず色の異なる部分をすべて線で描くことから始まり、その基礎となる作業に続き、それぞれの色を復元する作業に入るのです。その原画と同じ色をどのようにして出せるかなど、画家一人ひとりのセンスはもとより、気の遠くなるような時間、労力、忍耐の要ることを知りました。

莫高窟を訪れるときには、このような研究所の存在を頭に入れておいてください。

敦煌を訪れた人に是非勧めたいのは「現代石窟プロジェクト」の現場です。このプロジェクトは莫高窟と同じような石窟を掘り、その中に新しく敦煌美術を創造し、千年後の人々に伝えたいという壮大な計画です。土地だけは莫高窟と同じような川岸の広大な地域を中国政府から借りていますが、すべての資金は自分たちで、それぞれの絵を売ったりして賄っているプロジェクトです。目的の規模に完成させるまで何年かかるか分かりませんが、何十年か何百年かをかけて石窟を作り、壁画を描き、それを現在の莫高窟と同じように１０００年後の人々に見てもらうという計画です。その中心となる石窟には莫高窟から剥がされ外国に持ち去られた壁画を模写した絵が並んでいます。

このプロジェクトに一人の日本人が参加しています。その方は僧侶であり絵師で、「中日浄土窟」の壁画を描きつつあります。奈良県当麻寺に蓮の糸で織った曼荼羅を奉納した中将姫伝説を題材にし、石窟の中央に阿弥陀如来坐像とそこからはるかに離れたトンネルの壁に描かれた中将姫の姿はほぼ完成に近づいているようですが、まだほとんどの壁は白いままです。これから完成までどのくらいの時間がかかるか分かりませんが、遠く離れた阿弥陀如来と中将姫のアイコンタクトが印象的でした。

「現代石窟プロジェクト」の石窟と莫高窟を同時に見ると、地球という悠久の流れの中に生を受けた人間の小ささや、人間の寿命よりはるかに長く残る壁画から伝えられるメッセージなど、知らず知らずのうちに、自分自身の生活や人生を考えさせてくれる刺激が与えられます。「あしたの旅」ではぜひ訪れて欲しい場所です。

敦煌の観光地の一つ月牙泉や鳴沙山を訪れると砂漠の一端に触れることができます。月牙泉は雄大なゴビ砂漠に出現した三日月型の池です。その池の周囲からはすべてが茶色い砂の丘や山々が延々と続いています。山の形は風の影響ですべて三稜石のように稜線が一本の筋で明瞭に区切られた形です（写真11）。麓を歩くとシルクロードを歩く旅がどれほど大変だったか、その片鱗が理解できるでしょう。

17　ミイラに興味はありませんか

日本には即身仏と言われる僧侶が座ったままの姿のミイラが残ってはいますが、死体が原形をとどめて長く保存されている例はありません。私は小学生の時に、東京上野の国立科学博物館で展示されているミイラを初めて見ました。アンデス山脈のどこかから発見されたという説明があったように記憶していますが、多分インカのミイラだったのでしょう。70年も前の話なのでよく覚えていません。ただ学校ではエジプトのミイラの事は習っていましたので、南米にもミイラがあるんだと新しい知識を得ました。

ミイラには人工的なミイラと自然的なミイラがあります。人工的なミイラは主に宗教的な理由で死体に手を加えて腐敗を防止し原型を留めるようにしたものです。天然のミイラは埋葬された遺体が、土地の乾燥や空気の乾燥、寒冷などの環境下で乾固し生前の原型を留めているものです。内臓も含まれます。

人工的なミイラの代表はエジプトのミイラです。大英博物館はミイラをはじめエジプトの収集品で知られています。エジプトのミイラは死後の世界も考えて、遺体から内臓を取り出し、ツボに収め、遺体は防腐剤を使い包帯で巻き2重、3重の棺に納めて埋葬したものです。ミイラ、内臓を入れた壺、棺の3点セットで多くのミイラを見ることができます。大英博物館の展示はイギリスが宗教的背景は考えず手あたり次第、ミイラを採取してきたものを展示しているようで、エジプト国民からすればその行為は憤怒に耐えられないでしょう。

もちろんカイロの博物館でもミイラは見学できます。エジプトのナイル川畔の王家の谷を訪れると、多くの王の墳墓が見られますが、圧巻は若くして亡くなったツタンカーメンの墓です。墓室には彩色された壁画が描かれ、顔の部分には黄金のマスクがかぶせられています。

チリのサンティアゴの博物館には少女の座った形のミイラが展示されています。着衣の色彩がはっきり残り、寒冷下で自然に乾固したものです。このミイラを発見したのは友人のチリの地質学者でした。彼の話では標高2000m付近のアンデス山脈の中で、小さな石室の中に横たわっていたそうです。宗教的に生贄にされた少女だろうとのことでした。

現在の中国では国内の発展に伴い、紀元前の墳墓などの発掘が行われ、多くの天然のミイラの発見が続き、それぞれの地域の博物館などで展示されています。湖北省荊州の博物館に展示されているミイラは、ミイラというよりは生身の人間に近い状態で発見され荊州博物館に展示されています。1975年に前漢（紀元前200年~紀元後20年ごろ）時代の墳墓から発見された男性で、内臓も取り出されて、並べられて展示されています。「遺体を見ているようで見たくない」と感想を述べる人もいます。

ウルムチの新疆ウイグル自治区博物館には周辺の墳墓から出土した10体ほどのミイラが展示され

ています。その中で１９８０年にタクラマカン砂漠の東にある楼蘭鉄板河遺跡で保存状態の大変良いミイラが発見され世界中を驚かせました。およそ３８００年前の墳墓から出土した女性のミイラは「楼蘭の美女」と呼ばれ、その復元された顔の絵も展示されています。その顔はヨーロッパ系で、すでにこの地域では４０００年も前からヨーロッパとの交流が進んでいることを示しています。

また３０００年前の別の墳墓からは子供を含めた家族３体のミイラが出土し、展示されています。

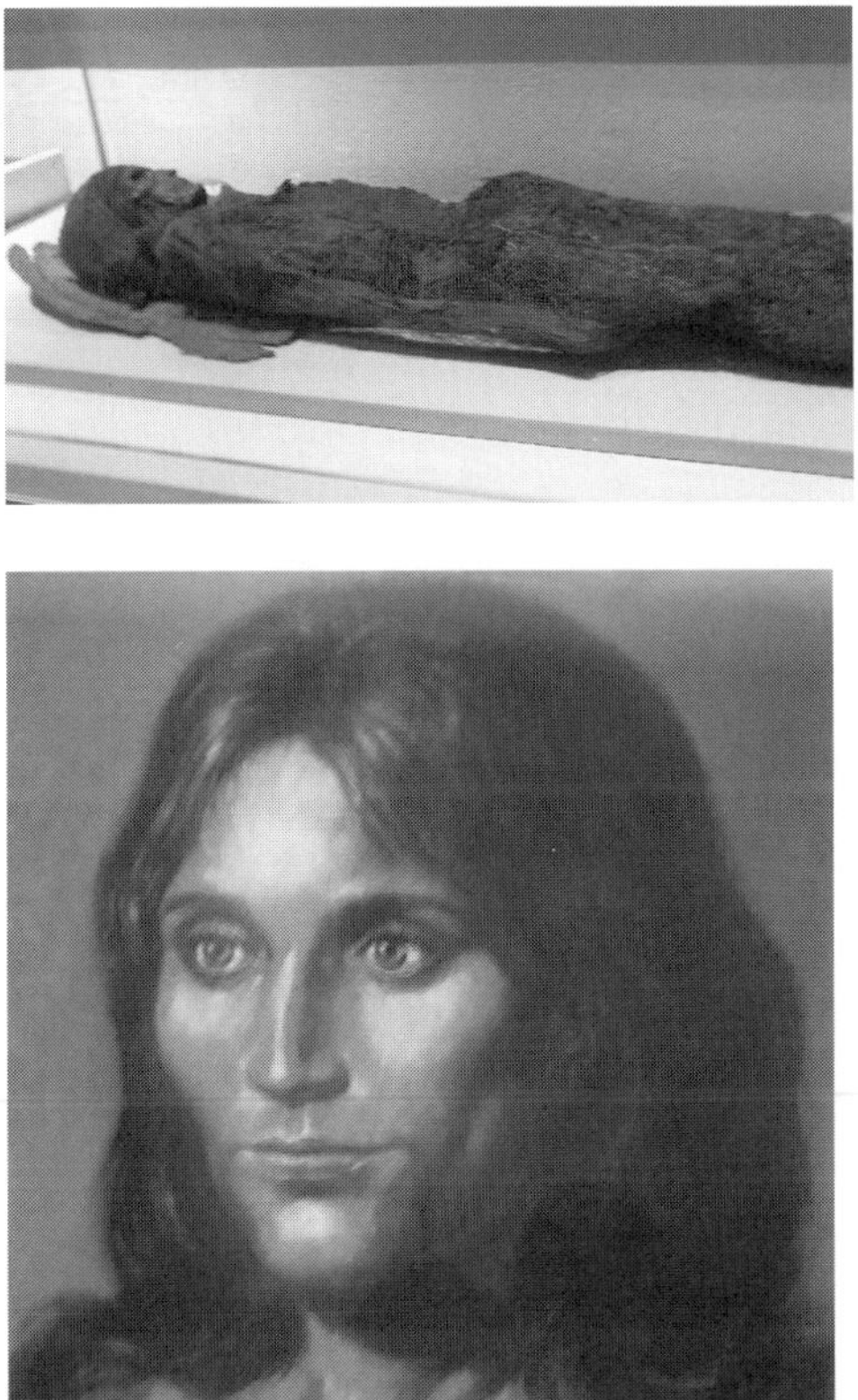

写真51　中国・ウルムチ近郊で発掘されたミイラ「楼蘭の美女」とその顔の復元図

それぞれがまとっている布地の色彩も鮮明に残っています。

たとえ一体のミイラでも、現代の私たちに語り掛けてくれるものは少なくありません。

18　地球上で最高額の旅

1970年代ごろ「地球上での最も贅沢な旅は豪華客船による大西洋横断あるいは世界一周」と言われていました。現在でも豪華客船による地球一周の旅は100日以上の日数が必要で、それだけ費用も高くなります。最上級の船室では世界一周の費用は1000〜1200万円程度と聞いています。では世界一周の船旅が地球上で最高額の旅でしょうか。実はそうではないのです。私が知る限り、地球上での最高額の旅は「南極点」を訪れる旅です。

2017年ごろの事です。ある旅行会社から南極点旅行のツアーが売り出され、その金額を見て驚きました。2週間の旅行で1100万円でした。1日当たり80万円程度です。豪華客船による世界一周が100日間で1200万円ですと、一日あたり12万円です。旅行日数、金額に多少の変動はあっても、南極点旅行は豪華客船の世界一周よりも5〜7倍程度は高いのです。地球上の旅行の最高額であることは確かです。

日本から南極点に行くには、アメリカ大陸内のどこかを経由してチリのサンティアゴに飛びます。

サンティアゴから国内線に乗り換えて、さらにチリ南端のプンタアレナスに飛びます。日本からは約30時間程度は必要です。プンタアレナスはアンデス山脈が尽きるチリの最南端、マゼラン海峡の西側に位置し、空港からはチリの南極基地の一つフレイ基地への航空路も開かれています。市内の公園には海峡に向かって立つマゼランの像があり、郊外には2カ所にマゼランペンギンのコロニーがあります。

プンタアレナスから内陸の観光基地グレーシャーキャンプまではおよそ３１００km、大型ジェット機で約6時間の飛行です。そしてグレーシャーキャンプから南極点までが１１００km、小型双発機で約5時間の飛行です。帰路には途中で給油をする関係で6時間はかかります。プンタアレナスからグレーシャーキャンプまでの飛行機内にはトイレがありますが、南極点への飛行機は機内にトイレはありません。途中に設けられている給油キャンプにはトイレの設備もあります。私は南極観光の現地では吸収のよい紙パンツの着用を勧めています。環境保護の問題もあり用足しはどこでもできるわけではありません。寒いしシニア層には特にトイレ問題は深刻なので、紙パンツの使用を勧めるのです。

グレーシャーキャンプは宿泊用のテントと食堂用のテント、トイレ用のテントなどに分けられ、旅行者はそれぞれのテントに1〜3名ぐらいずつに分かれて宿泊することになりますが、その状況はその時のキャンプの滞在者数によります。基本的には個人やグループが尊重されることは言うまでもありませんが、自然条件の厳しい南極です。個々の細かい要望には沿えないことが多々あるは

写真52　南極の観光基地グレーシャーキャンプ

ずです。

旅行シーズンの12月から1月頃の気温はマイナス5～10℃、風速7～8m程度ですから南極としてはそれほど寒くはありません。とはいえ体感温度はマイナス10℃にはなります。この時期、太陽は沈みませんから日照さえあればテント内の温度は0℃近くまで上昇し、温かく感じるほどです。

グレーシャーキャンプに到着したら南極点への飛行を待つのですが、それは天気次第です。約1000㎞の距離を往復する12、13時間の天候が保証されない限り、飛行はできません。またせっかく南極点へ向かって飛び立ったとしても、天候不良で引き返すこともあります。とにかく天候待ちです。

南極点には飛べないが、キャンプ周辺は良い天気という場合には、1時間ぐらいの飛行で、南極大陸最高峰のビンソンマッシーフがあるエルスワース山脈山麓やウェッデル海側のコウテイペンギンルッカリーへの観光ができるかもしれません。

南極点に到着したらまずトイレでしょうが、最近はアメリカの基地が観光客を受け入れトイレは使わせているようです。食堂でコーヒーぐらいは飲めるかもしれません。南極点を示す標識はすぐ分かります。紅白の床屋のようなマークの棒の先端に銀の玉が付いており、その標識を半円形に取り囲み南極条約原書名国12カ国の国旗が並んでいます。なぜか日の丸はいつも右端です（写真19）。ただし、このポールはセレモニー用ポールと呼ばれるもので、本当の南極点ではありません。南極点付近の氷床は年10ｍぐらいの速さで西経47度の方向に移動しています。

そこで毎年元旦に、その時の南極点の位置が測定され直し、小さなポールを立ててあります。これがリアルポールです。その位置を教えてもらい、その周囲をぐるりと一周すると、すべての子午線（経度線）を横切ることができ、世界一周したことになるのです。南極点を訪れたらセレモニー用ポールで写真を撮って満足するのでなく、必ずリアルポールの周りを一周することです。それが本当の世界一周にをしたことになります。

19　赤道での出来事

赤道をまたいでみたいという人は少なくないでしょう。一番有名なのは、エクアドル・キトの赤道記念碑で、立派な標識があります。その後ＧＰＳ（世界測位システム）の発達により、赤道は

写真53　エクアドル・赤道博物館緯度０度線

３００ｍ北にずれていることが分かり、赤道博物館が作られています。現在は赤道博物館に表示された赤道が緯度０度線上です。

　赤道上に位置するケニアでは道路の横にその標識があるだけですが、それでも観光客は来るらしく、道路に面して土産物屋が並んでいました。私たちが赤道付近で散策したり写真を撮ったりしていると、一人の青年が手にお椀のような器を二つ持って近寄ってきて実験をはじめました。地球が回転しているので、その上では北半球では渦は必ず左巻き、南半球では右巻きになる、赤道上では渦は巻かないと説明しました。そして赤道の真上、赤道から20歩北と南へそれぞれ離れた地点で、一つの器からもう一つの器へ水を入れ、渦を起こさせ、枯れ草を一本浮かべ、その回る方向を観光客に確認させていました。

器の中の枯れ草は青年の説明通りの方向に回っており、見ていた観光客は皆納得顔になりましたが、実はこれは全くのトリックです。地球は回転しておりますので、その上では常に遠心力などを受けています。その力を「コリオリの力」とか「偏向力」と呼びます。その力によって北半球では渦は左巻き、南半球では右巻きに回るので、日本を襲う台風は必ず左巻きの渦になります。

実際、コリオリの力は渦を巻く物質の質量に比例しますので、台風のように半径が何十km、何百kmという巨大な質量の渦には作用しますが、器の中の水や風呂桶の水などには小さすぎて効果がありません。実際、鳴門の渦潮も左巻き、右巻きいろいろあります。

またコリオリの力は緯度にも関係しており、緯度90度の南極点や北極点では最大で1、赤道では最小で0になります。ケニアの青年は観光客をだます考えなどなく、誰かに教えられたとおり、一生懸命実演しているのでしょうが、まったく意味のない説明であり、実演でした。

私としては起こりもしない現象を、さも起こっているように見せられ、地球を冒とくされているような気になりました。実は同じような渦巻きの実験はエクアドル・キトの赤道博物館でも行われています。地球上で赤道が通っている国は10カ国か11カ国ですが、そのどこかでも同じようなトリックの実験がなされているのかと思うと、笑ってしまいます。

赤道までの旅行は、日本からですとかなりの出費になります。誰にとっても価値ある旅行にするためにはこのようなトリックに引っかからない知識だけは持って出かけて欲しいです。コリオリの力や偏向力は、少なくとも高等学校の物理で習っています。難しいことは抜きにして「コリオリの力、偏向力は赤道では働かない（0になる）」とだけ覚えておいてください。さらに言えば「だから赤道から少し（例えば100m）離れた地点で渦巻きが起きても、コリオリの力は働かない」のです。

20 塩のホテル

世の中に塩で建造されたホテルがあることをご存じでしょうか。「氷のホテル」はスウェーデンにあり、オーロラ観光とセットで宣伝されています。建設材料や家具のほとんどが氷のブロックから作られていますが、塩のホテルはどこまで日本に浸透しているのでしょうか。

塩のホテルは石材の代わりに、塩のブロックを使って建造されています。塩湖は日本には存在しませんが、地球上ではそれほど珍しいものではありません。塩湖には死海のように湖水の塩分濃度が海水の数倍という塩辛いもの、湖水の表面に塩の層が氷のようにおおっているもの、そして湖水の窪地全体が塩で埋め尽くされているものなどがあります。ボリビアの中央西部の標高3700m

写真54　ボリビア・ウユニ塩湖畔に建つ塩のホテル内部、彫刻も壁もテーブルも椅子も塩のブロックでできている

の高地に位置するウユニ塩湖（塩原）は塩の原野とでも呼べる景観です。湖に水はなくすべてが塩なのです。南北約１００km、東西約２５０kmの世界最大の塩湖です。塩のホテルはその湖畔に建設されています。

湖から切り出した塩のブロックを石材の代わりに、建設資材として使うのです。扉や窓枠、屋根などを除き、壁も外壁もすべて塩のブロックです。ベッドやテーブル、ソファーなども塩のブロックです。ベッドは塩の台の上にマットがあり、毛布が用意されており、快適な睡眠がとれます。

ソファーにはクションが置かれ、テーブルの上にはティーセットが用意されています。壁のブロックには彫刻が施され、あちこちにレリーフが飾られています。飾るというよりはレリーフが欲しいと思う壁面を削ればよいのですから、技術さえあれば簡単にできてしまいます。廊下の床も塩です。砂のようにさらさらした塩が敷き詰められているという感じです。トイレ、シャワー、洗面台などはそれぞれが塩のブロックの上に置かれています。白いこと以外に特に違和感はありません。ロビーや廊下のあちこちに塩の塊に彫刻した動物や人形が置かれています。塩像と呼んでよい出来栄えです。とにかく快適に過ごせるホテルでした。

湖は見渡す限りの白い荒野で、観光はその上を四輪駆動車で走るのです。見渡す限りの白い野原を走るのですが、私は南極の氷原を雪上車で走った時と同じ感覚でした。雨が降れば塩の原野に水溜りができます。その水溜りは青空も、周辺の景色も、自分自身も美しく反射させ、水平線を境に上下対称の写真が撮れることで、「天空の鏡」として観光客に人気があります。

塩の原野の中心付近にインカワシ島がありサボテンが自生しています。島から少し離れた湖面にはホテルやレストランが建設されていて、塩の砂漠を訪れる人々に対しオアシスの役割を果たしています。湖面の塩はブロックとして切り出され、精製されて土産物の食塩としても売られています。

ウユニ塩湖に行くには首都のラパスから航空路が開設されており、1時間程度で訪れることができます。ラパスの国際空港はアンデス高原の標高4000mの高地に建設されています。世界の国際空港では最も標高が高い空港です。またラパスの市街地はアンデス高原の東斜面に氷河が削って創出された氷河地形のカールの斜面に広がっています。カールは饅頭型のアイスクリームをスプーンですくい取ったような形で、山の斜面に形成されます。頂上部分は標高4000m、カールの末端部分はモレーン（堆石）で3500～3600mで、市域の面積は470㎢、そこに約80万人が居住しています。規模こそはるかに大きいですが、日本の北アルプスの涸沢カールに人が住んでいるようなものです。

こんな標高の高い首都は世界でラパスだけでしょう。カールの低地には高所得者層が住み、カールの縁の標高の高い地域に近づくに従い低所得者層が住んでいます。高いところほど空気が薄く息苦しいからです。21世紀に入りカールの底から縁に向かって3方向にロープウェイが建設され、住民の移動は大変楽になりました。しかし、近年はカールの斜面は飽和状態になり、空港方面の標高4000mの地域に市街地が拡大しつつあります。

この地を訪れるには高度順化について十分な注意を払う必要があります。

第7章 クルーズ

世界旅行の
参考書

1　クルーズの特徴

クルーズの特徴は旅行用の重いスーツケースを毎日動かさなくて済むことです。与えられた船室に入り、室内に設置されているクローゼットや引き出し類を使って、荷物を整理しておけば、次にスーツケースに詰め込むのは下船の時、旅の終わりです。陸上では、滞在型の旅は別として、とにかく毎日のようにスーツケースを開けたり、閉めたりしなければなりませんので、その煩わしさから解放されるのは、とても楽で、うれしいことです。

すべての食事やティータイムのお茶やお菓子がついていることも、旅の煩わしさを半減してくれます。訪れた土地の名物を探すことは、旅の楽しみである反面、煩わしさもあります。やっと目的のレストランやメニューにたどり着けたとしても、口に合わなかったという経験もします。河船クルーズで供される食事は、そのようなローカル性にも配慮されていることが多いので、すべてに満足ということは無くとも、それなりには満足でき、中にはとてもおいしかったのでまた食べたい、口に合わなかったのでもう結構という出会いもあり、それぞれの味を楽しめます。

外洋航路のクルーズでは、基本的にはいわゆる洋食的なものと中華的な食事が主流を占め、それに巻きずしのような日本食、あるいは東南アジアの味が供されたり、パスタなどのイタリア系の料理が供され、多種多様な乗客の好みに対応しています。和食専用のレストランがある船もあります。

船の旅は退屈ではないかと心配する人がいます。自分の家での生活ならば、家の中の整理や掃除などを含めて、何かやることがあるが、狭い船室に閉じ込められたら暇を持て余すだろうという懸念です。

私は最長４か月、合計10カ月以上は船の旅を経験していますが、暇を持て余したことはありませんでした。船旅の過ごし方は、もちろん人それぞれです。ある外洋クルーズで見たヨーロッパの夫婦の行動に興味を持ったことがあります。その日、私はプールサイドのデッキチェアの良い位置を占めようと、朝食後すぐ水着とタオル持参でプールサイドに出かけました。するとその夫婦はすでにデッキチェアに座っていました。

二人は互いに日焼け止めクリームを塗り合った後、デッキチェアで読書をはじめました。そして居眠りし、たまには水に入って泳ぎ、再び読書をするという事の繰り返しです。私は昼頃には、部屋に戻り、食堂で昼食をとり、夕方３時ごろ再びプールサイドに行くと、ちょうど先ほどの夫婦が帰るところでした。日中の７時間ぐらいをプールサイドで過ごしたことになります。次の日も、また次の日も、私の知る限り５日間は、毎日二人は同じ場所で同じように過ごしていました。彼らのゆとりある、リフレッシュの方法なのでしょうが、日本人にはなかなか真似ができないことです。

一日中、プールサイドで過ごせるという非日常に、日本人は対応できかねるのかもしれませんが、そんなことが試せるのが船旅です。船旅だからといって、特別視する必要はありません。日本での生活の延長と考えればよいのです。

私は朝食前に、毎日やっているウォーキングやスロージョギングを甲板で行います。船には歩いてよいコースが決められており、多くの人が常に歩き回っています。朝食後は読書や書き物など、自室で過ごし、昼食後はプールサイド、さらにはフィットネスクラブでのトレーニングや、設備があれば、サウナ風呂で汗を流します。

夕食後は船の劇場でのいろいろなショーがあり、音楽の演奏もあります。同じように船側でも、昼間でもダンス教室、ヨガ教室などいろいろなイベントを提供してくれます。自分の計画は無くとも、船側の与えてくれるイベントだけでも、時間を持て余すことはなさそうです。

目的地に着くと、その土地の観光に出かけます。港には数十台のバスが並び、それぞれのグループに分かれて、それぞれの目的地に出かけます。船側で用意した観光ツアーや自分たちのグループの観光ツアーがありますが、参加したくなければ、船に残っていればよいのです。寄港中も船の生活は同じで、船の上で昼食は供されます。

自分で街の観光に出かけ、自由に観光を楽しむことも可能です。寄港地周辺には観光客相手の店やレストランなどがありますので、自由にその土地を楽しむこともできます。決められた時間までに船に戻ればその後も同じように船旅は続けられます。

ポイント、ポイントでの観光が楽しめるとともに、一日中、何もせず島影も見えない海を眺めているなどという経験も、普通はありません。船旅には人生にとっては重要な情報が含まれていることを理解して、乗船されることを勧めます。

2 河船のクルーズ

河船の旅が日本の旅行者に注目されるようになったのは21世紀になってからでしょう。日本国内の多くの旅行代理店が河船の旅ツアーも販売するようになりました。私が驚いたのはヨーロッパでは地中海から北海、さらには黒海まで河船の旅ができるという事でした。どんなルートをとるのか知りませんが、ロシア国内でもサンクトペテルブルクから北極圏の白海やモスクワにも河船で行けると聞きました。

船旅ができるのはヨーロッパばかりではありません。アフリカ大陸でもカイロからナイル川を遡上しながら、沿岸の遺跡を見るツアー、アジアではメコン川の船旅、南アメリカではアマゾン川の源流域の船旅など、それぞれ特徴的な観光ができるツアーがあります。

陸上の旅では車窓から見る風景を船旅では船上から眺めることになります。関心のない地域なら部屋で寝ていればよいのですから、船旅は楽でシニア向きだなとも考えるようになりました。

ヨーロッパの場合、ライン川の船旅に人気があるようですが、多くの閘門を通過します。閘門は上流と下流の水位の違いを調節するので、通過しないわけにはいきません。したがって船体の幅は閘門が通過できる幅に限定されますので、全長が100m以上の大型の船でもその船体幅は11mぐらいに決まっています。部屋が狭いのでほとんどの船ではバスタブが無くシャワーだけの場合が多いようです。

外見上、各部屋にバルコニーが付いた立派な船に見えても、船体の幅に制限があるのでバルコニーの分だけ船室が狭くなっているのです。また低い橋を通過するときなどは船を操船するブリッジ全体が下がるような設計にもなっているので、見ていて面白いです。

ドナウ川のように5カ国も6カ国も流れ、さらにマイン川、ライン河と続くような川は、島国の日本人にとっては想像することもできません。想像ができないのだから自分が乗船して体験するほかないなというのが私の発想です。

同じ事はオランダやベルギーの運河の旅にも言えます。ベルギー王国のブリュッセルからオランダ王国のアムステルダムまでも、運河を通じての船旅が楽しめるのです。

ライン川の観光は古城群やローレライばかりではありません。沿岸の目ぼしい町や村の船着き場に停泊し、バスや徒歩で近くの名所や旧跡を回れます。2~3時間の観光後、また次の観光地に向かって出航するのです。支流のモーゼル川を遡上し両岸に広がるブドウ畑を見ながらルクセンブルク大公国のルクセンブルクの観光もできます。

船内ではもちろん3度の食事が供され、ティータイムもあります。食事は寄港地の食材や料理が用意されたり、民族衣装での地元の踊り、さらには地元の楽器や音楽が楽しめます。どの船も乗客

写真55　ヨーロッパの河川観光の河船セレナーデ号

を退屈させないよういろいろなサービスを凝らしています。

船内はすべてカジュアルな服装で過ごせます。外洋船のようなドレスコードもありませんので、気軽に船内生活が楽しめます。

河船とはいえ歩き回れるデッキもありますし、サウナやトレーニングルームも完備されている船もあります。バーや展望ラウンジなど狭いながらも、それなりの設備が備わっています。わずか3階建てくらいの船でもエレベーターが完備されているのはシニア層にとってはありがたいです。船室内での手洗濯のほか、ランドリーもありますから、あまりたくさんの着替えを持参する必要もないでしょう。

中国の長江の河船はヨーロッパの河船よりも一回り以上大きな規模の船が運航されていますので、船内には室内プールや劇場も完備されています。運航方法は同じで沿岸の名所旧跡に停泊し、観光し、再び次の目的地に向かうのです。三峡ダムは閘門で通過します。ツアーで参加すれば、途中の観光もすべて、計画の中に含まれるでしょうから、余計な手間がかかりません。個人で乗船できる船でも、寄港地での観光を考えるとシニア層は日本からのツアーに参加するのが良策です。

3 海のクルーズ

第二次世界大戦の開戦前後、1940年か41年ごろ、私が3、4歳くらいの時の記憶です。横浜に住んでいましたので、何かのつてがあったのでしょう。親が太平洋航路の客船を見に連れて行ってくれました。たぶん現在と同じ大桟橋だったでしょう。船の名前も覚えていません。ただ鮮明に覚えているのが船内にプールがあったことと、食堂で御馳走がでてアイスクリームを食べたことです。船の食事はおいしい、当時の私にとってはおやつのはずのアイスクリームがご飯の後に出たので、子供心にも別世界の感じがしたのでしょう。

もっと驚いたのはプールです。その時は水が入っていませんでしたがここはプールだと教えられ、なぜ海の上に浮いている船にプールが必要なのか、泳ぎたければ海に飛び込めばいいではないかと考えたのです。それから70年ぐらいが経過したころ、私はエーゲ海のクルーズのツアーに参加して、初めて豪華客船がどんなものかを知ることができました。子供の時に抱いた、船になぜプールが必要かの疑問の答えがようやく分かりました。

1970年代終わりから1980年代初めにかけ、アメリカ、日本、ドイツ（当時は西ドイツ）が相次いで南極観測や北極観測に使うために大型砕氷船を建造しました。その時日本で建造されたのが初代しらせです。1984年8月、ドイツのハンブルグで開催された国際会議に出席した折、ドイツが新造した砕氷船を見学させてもらいました。船内を見学していて、同行していた日本南極観測隊の初代隊長を務めた故永田武先生が思わず「やられた」と叫びました。ドイツの砕氷船にはフィットネスルームのほか室内プールまであったのです。南極観測船ですから豪華客船のようにプールを屋外には造ってありませんでしたが、室内プールがあったのです。欧米人と日本人の感覚の違いというべきでしょう。

ただし、アメリカの2隻の砕氷船にもフィットネスルームはありましたが、プールはありませんでした。2代目しらせになっても同じで、フィットネスルームはできましたが、プールはありません。

プールに象徴されるように、豪華客船には客を喜ばせる、あるいは客に必要な設備は何でもそろっています。劇場では毎夜、必ず何かのショーをやっています。ほとんどの船にはカジノもあります。カジノは24時間開いており、朝から一人でゲームに興じている人もいます。

豪華客船の場合注意する点が二つあります。タイタニック号の映画を見た人は記憶にあると思いますが、イギリス系の船の船内生活はすべて船室の等級で分けられています。2等船室の客は甲板も含め1等船室のエリアには入ることが許されません。タイタニック号の映画でも、沈みゆく船からの脱出はまず1等船室の客からで、2等船室の客はどんなに騒いでも鉄格子の扉にブロックされ逃げることができませんでした。ですから私はイギリス系の船（例えばクリーンエリザベス号）へは乗らないか、乗る場合にはできるだけ上のクラスの船室を選ぶかにしようと考えています。

豪華客船のリピーターに聞いた話ですが、船室は最も安い金額の部屋をとり、多くの時間を共同スペースで過ごすのが、賢い方法だと言っていました。多くの船では共同スペースを船室のクラスに関係なく、すべての乗客が同じように利用できます。甲板のウォーキング、プール、館内レストラン、バー、ラウンジ、図書室など船客なら誰でも同じように利用できます。そのような船を選ぶのが船内生活を楽しくしてくれるでしょう。

もう一つの注意点はドレスコードです。イギリス系の船はドレスコードも厳しく、夕食のレストランでは男性はネクタイ着用が当たり前、最低でも黒っぽいスーツでなどと言われると、あまり乗船する気にもなれません。特に女性の場合は、ドレスコードを満足させるためにはドレスを何着か、それに合わせてアクセサリーや靴などを考えねばならないでしょう。オシャレやファッションを競うのが好きな人は、それが楽しいでしょうが、多くの人にとっては荷物も多くなることですし、私は厳しいドレスコードのある船は勧めません。

船室はバルコニーのある部屋を勧めます。丸窓や窓のない部屋、窓があっても開かない部屋もありますが、バルコニー付きの部屋はデッキに出なくても、潮風を楽しめ、海原の実感が迫ってくるからです。あまり回数を乗る予定の無い人はぜひバルコニー付きの部屋を選んでください。

３度の食事は決められたレストランで供されますが、特別に和食が食べたいとか、より高級な食事をしたいというような時にもそれに対応するレストランが船内にはありますから、いろいろ歩いて、船内の様子を覚えるのが船内生活を楽しくしてくれます。ティータイムの利用も同じです。基本的には船内のどこかには必ずティーラウンジがあり、いつでもお茶類を飲むことができます。

豪華客船は揺れないと定評があります。しかし、日本近海は世界の海の中でも荒れる海に入ります。南極海の暴風圏ほどではないにしろ、よく揺れる海域です。日本からアラスカへのクルーズに参加した人の話では、運が悪かったのか出航してからアラスカへ到着するまでの５、６日間揺れ続けたそうです。

最近流行しているのは、豪華客船で日本各地を回り、韓国プサンや台湾の港に寄港する数日間のミニクルーズです。揺れは大丈夫なのかといつも心配していますが、手軽に豪華客船での観光気分が味わえる利点もあるでしょう。

ギリシャに興味のある人はぜひエーゲ海の島々をクルーズで回ることを勧めます。それぞれの島をゆっくりと、たくさん見られるからです。アテネから出てアテネに戻る船内で４、５泊するクルーズで、ギリシャ文明を十分楽しむことができます。もう少し長く滞在できるという人にはイタリアのベネチアからアドリア海を航海し、途中クロアチアのドゥブロウニクやモンテネグロのコトル、さらにイタリアのどこかの港に寄港して、エーゲ海を回る船内で７、８泊するクルーズはより一層船内生活も楽しめます。

写真56　ラトビアのカウナスの旧日本領事館は「杉原記念館」として保存され、市内には「杉原通り」が設けられ千畝の「命のビザ」の記念碑が立つ

スペインのバルセロナ、フランスのマルセイユ、イタリア・シチリア島のメッシーナなどに寄港する地中海の旅は、期間も10日間以上になり、費用もそれだけ高額になります。しかし、イスラム文明とキリスト教文化の境界線になる地域だけに、どこを訪れても見ごたえのある景観、遺跡に出会えます。

バルト海クルーズも人気があるようです。デンマークのコペンハーゲン、スウェーデンのストックホルム、フィンランドのヘルシンキ、ロシアのサンクトペテルブルク、エストニアのタリン、ラトビアのリガなどを巡る10日間ぐらいの旅です。ただ日本人にとって残念なのは近くに行きながらも、杉原千畝の功績の残るリトアニアのカウナスには行けないことです。クルーズでは行けませんが杉原千畝の功績を知るためにもラトビアのカウナスを訪れ、記念館になっている当時の日本領事館を一人でも多くの方が見て欲しいです。

　バルト海ではヘルシンキを夕方出航しストックホルムに朝着くショートクルーズも人気がありま す。

　豪華客船では乗降にいろいろ手続きがいります。慣れない人はやはり日本からのツアーで行くのが賢明です。私はノルウェーのオスロかベルゲンからトロムソを経て、スカンジナビア半島の先端まで行くクルーズ、つまりスカンジナビア半島西側のフィヨルドが見られるクルーズをしてみたいという希望を持ってはいるのですが、なかなかチャンスがありません。でも「あしたの旅」の夢はあきらめません。

　カリブ海クルーズも人気があるようです。アメリカのどこかの港で乗船し、クルーズを楽しんだ後またアメリカ経由で帰国することが多いです。排水量二十何万トンという世界最大のクルーズ船もこの海域に就航しています。

4　パナマ運河とスエズ運河

　高校の英語の教科書でパナマ運河の掘削の話を知って以来、私はパナマ運河を越えてみたいと考えていました。実現したのはそれから半世紀以上もあとのことですが、楽しかったです。パナマ運河はアメリカによってパナマ地峡を開削して、太平洋と大西洋（カリブ海）を連結させた海洋運河です。1914年に竣工しましたが、計画からは30年以上の歳月が費やされ、ようやく完成しました。

中央アメリカに位置するパナマ運河ですから、運河は東西に横たわると考えていましたが、実際には北北西から南南東へと、南北方向に延びた全長80㎞の運河です。竣工以来、アメリカが管理権を持っていましたが、1977年の新パナマ条約により、1999年にパナマに返還され、現在はパナマが所有権を有し、通行料で国は豊かと聞きました。

私が乗船した時の添乗員の話では、太平洋側からの通過の方が、閘門の壁が高く迫力があるとの事でした。船体が壁に囲まれた閘門に入り、注水が始まると少しずつ目線が高くなり視野が開けてゆきます。視野が開けてゆくほうが、逆の場合よりは確かに迫力があります。

太平洋側から通過を希望する船舶はパナマシティの港外で待機して、指定された時間が来ると運河に入っていきます。最初がミラフローレス閘門（Milaflores Locks）で閘室は2室、つまり2段のプールに入って、水位を高めます。閘門の幅は32・2ｍ、船の幅は32ｍ、壁と船体の間の隙間は、片側僅か10㎝です。閘門の中では閘門に並んで施設されたレール上を走るトロッコが船体を引っ張っていました。

閘室に入ると四方は高さ10ｍ近いコンクリートの壁に囲まれています。明るかった船室も薄暗くなるほどです。閘室への注水が始まり船体は次第に上昇していきます。ブリッジで見ていると、その上昇速度は意外に早く感じました。船首前面のコンクリートの壁もいつしか、壁と感じなくなり次の閘室の水面が見えてきます。水面の高さが同じになったところで水門が開き、船は次の閘室へと曳航されていきます。

閘門の両端や閘門と閘門の間はかなり急勾配になりますが、トロッコは３００ｍに近い船体を曳いて登っていきました。閘門を出ると最小の幅が91ｍ、最大幅２００ｍの水路を通り、ペドロ閘門（Pedoro Locks）、ミゲル閘門（Miguel Locks）に達します。この二つの閘門はそれぞれ一室です。この3回の閘門で船体は標高26ｍの高さまで押し上げられました。

そこからしばらく水路を航行したのち、人造湖のガトゥン湖に入ります。チャグレス川をせき止めて作り出した人造湖の湖面は標高26ｍの高さです。この人造湖の尽きる地点にガトゥン閘門（Gatun Locks）があります。連続する3つの閘室によって船は一気に26ｍを下がり、カリブ海の海面の高さに戻ります。カリブ海側で停泊する街はコロンです。カリブ海から太平洋に向かう船舶はこの港で時間を調整します。

閘門の狭さから、第2パナマ運河の掘削が進行し、２０１6年6月に30年以上の歳月を費やして完成しました。その結果、それまで船体の長さが２９４ｍ、幅32ｍ、深さ12ｍまでの船舶しか通過できなかったのが、全長３６６ｍ、幅49ｍ、深さ15・２ｍの大型船まで通過ができるようになりました。このため現在では大型観光船もすべてパナマ運河の通行が可能になりました。

写真57　パナマ運河。この運河の左側（西側）に第２パナマ運河が建設された

第二次世界大戦に出動し、日本の降伏文書調印の場となったアメリカの戦艦ミズリー（写真1）の船体の幅は32ｍです。両舷それぞれ10㎝の余裕で、パナマ運河を通過できました。当時の日本の戦艦大和や武蔵の船体の幅は40ｍ程度でした。アメリカの海軍の船舶は、パナマ運河を通過できるぎりぎりの最大幅が32ｍになる構造でした。第2パナマ運河ができた現在はその制限はなくなったと思います。

アメリカがパナマ運河の掘削に情熱をかけたのに対し、フランスが着目したのがスエズ運河でした。スエズ運河はフランスによって開削されました。１８６９年にスエズ地峡を縦断する水平式海洋運河として竣工し、地中海と紅海が結ばれ、アジアとヨーロッパの海上交通の要路です。全長１６２・５㎞、幅

１６０〜２００ｍ、水深14・５ｍでしたが、その後整備が進み現在は全長１９３・３㎞です。

スエズ地峡は西側のアフリカ大陸と東側のシナイ半島に挟まれており、エジプト・アラブ共和国に位置しています。スエズ運河の北端の街はポートサイド、南端の街はスエズです。この運河の開通により、ヨーロッパと日本の海運の航路はほぼ25％短縮されたそうで、その経済効果は大きいです。

スエズ運河の経営はイギリスとフランスが行っていましたが、１９５６年にエジプトが国有化をしました。１９６７年の中東戦争でエジプトはスエズ運河を閉鎖しましたが、１９７５年には再開しています。水平式海洋運河なのでパナマ運河に比較して、周囲の変化に乏しいとの話もありますが、それでも私は一度は通ってみたいと考えています。

私にとっての理想のツアーは、ヨルダン、イスラエルなど中東諸国をいくつか訪れ、同時にスエズ運河を通過することですが、なかなか希望するツアーがありません。やはりこれから探す「あしたの旅」に期待していますが、中東に平和が訪れないとなかなか実現しそうもありません。

あとがき

外国旅行に行く場合、少し努力すれば、あるいはちょっとした心づかいだけで、それまでより質の高い旅ができると思い、気が付いたことを並べてみました。紹介したい地域や国はまだまだありますが、冗長になってもいけないので、ポイントを示す目的で、この程度にしておきました。参考になれば幸いです。

読んでいただければ分かると思いますが、ニューヨーク、パリ、ロンドンなど、大都市の情報はほとんど入っていません。これらの都市は魅力がないわけではなく、それぞれの場所へ出かけようとする人は、まず最初に十分な情報を得ていると考え、あえて書きませんでした。

これら大都市では、それぞれの都市の名所、旧跡は別として、都市としての構造は、東京や大阪と大して変わらないと考えています。例えば東京の地下鉄を乗りこなしていれば、パリの地下鉄も十分に乗りこなせます。

２０２０年の新型コロナウイルスのまん延は、人類にとって最悪の事態でした。人間として誰もがのがれることができない事態でした。旅行者、特に観光旅行を企画していた人々はまだしも、観光途中で遭遇した人たちの中には、予想もしない不運に見舞われた人もいた事でしょう。私自身は2月中旬に、香港空港をトランジットで利用しました。自分自身機内でも、空港でも十分注意していましたので、感染はしませんでした。しかし帰国後は、出発前から予定していた友人たちとの国内旅行も、中国を経由してきた後のためやんわりと参加を遠慮してくれと言われ、世の中の新型コロナウイルスに対する認識の度合いを痛感しました。2020年2月下旬の事です。

2020年からのコロナ禍がいつ収束するかは誰も分かりません。早く収束してくれれば2023年には以前と同じような旅行ができる日が、比較的早く来てくれることを祈るだけです。これからは地球上の旅行形態が大きく変化するかもしれないと心配しています。もしかするとしばらくは観光旅行などできない時代になるかもしれないというような恐怖を抱く人もいるようです。

2022年2月のロシアのウクライナ侵攻が始まり、改めて旅行、特に観光旅行では世界が平和であることはもちろん、平穏でなければ楽しめないどころか、成立しないことを実感させられました。日頃から世界の国際情勢や国際動向にも気を配らねばと、改めて思い知りました。

重ねて書きますが、地球上で「つまらない場所」はありません。なんでも見よう、経験しようという好奇心だけは持って、「あしたの旅」を楽しんでいただく参考にしていただければ幸甚です。

これまでの私の旅に同行され、いろいろ資料や写真を頂いた唐鎌郁夫、大曾根俊子、肥後橋いく子、大賀フジ子の皆さんに厚く御礼申し上げます。また三越伊勢丹ニッコウトラベルの江頭啓太郎さんからはいろいろな情報を、石川俊平さんからはエジプト・ピラミッドの写真を、また南極グレーシャキャンプの写真はトライウエル・インターナショナル社から頂き心より御礼申し上げます。

2022年10月

神沼　克伊

【ワ行】

【マ行】

【ヤ行】

【ラ行】

【ハ行】

【タ行】

【ナ行】

【サ行】

【カ行】

索　引

プロフィール

神沼 克伊（かみぬま かつただ）

国立極地研究所並びに総合研究大学院大学名誉教授
固体地球物理学が専門
1937年6月1日生まれ
神奈川県出身
1966年3月　東京大学大学院修了（理学博士）、東京大学地震研究所入所・文部教官助手
地震や火山噴火予知の研究に携わる。
1966年12月～1968年3月　第8次日本南極地域観測隊越冬隊に参加
1974年5月　国立極地研究所・文部教官助教授に配置換え
以後極地研究に携わる
1982年10月　文部教官教授
1993年4月　総合研究大学院大学教授兼任
【主な著書】『南極情報101』（岩波ジュニア新書、1983）、『南極の現場から』（新潮選書、1985）、『地球の中をのぞく』（講談社現代新書、1988）、『極域科学への招待』（新潮選書、1996）、『地震学者の個人的地震対策（三五館、1999）、『地球環境を映す鏡　南極の科学』（講談社ブルーブックス、2009）、『みんなが知りたい南極・北極の疑問50』（ソフトバンククリエイテブ、2010）、『次の超巨大地震はどこか？』（ソフトバンククリエイテブ、2011）、『白い大陸への挑戦　日本南極観測隊の60年』（現代書館、2015）、『南極の火山エレバスに魅せられて』（現代書館、2019）、『あしたの地震学』（青土社、2020）、『あしたの南極学』（青土社、2020）、『地球が学者と巡るジオパーク日本列島』（丸善、2021）、『あしたの火山学』（青土社、2021）、『あしたの防災学』（青土社、2022）、『地震と火山の観測史』（丸善、2022）他多数。

世界旅行の参考書

「あしたの旅」

—地球物理学者と巡るワンランク上の旅行案内

発行日　2022年12月10日

著　者　神沼《かみぬま》 克伊《かつただ》

発行者　橋詰 守

発行所　株式会社 ロギカ書房

〒101-0052

東京都千代田区神田小川町２丁目８番地

進盛ビル303

Tel　03（5244）5143

Fax　03（5244）5144

http://logicashobo.co.jp

印刷所　亜細亜印刷株式会社

定価はカバーに表示してあります。

乱丁・落丁のものはお取り替え致します。

978-4-909090-87-4　C0026